OECD Future of Education 2030
Making Physical Education Dynamic and Inclusive for 2030
International Curriculum Analysis

OECD Education 2030プロジェクト

保健体育教育の未来をつくる

OECDカリキュラム国際調査

OECD

経済協力開発機構（**OECD**）編著

日本体育科教育学会 監訳

明石書店

経済協力開発機構（OECD）

　経済協力開発機構（Organisation for Economic Co-operation and Development, OECD）は、より良い暮らしのためのより良い政策の構築に取り組む国際機関で、1961年に設立された。OECDは、政府、市民との協力のもと、実証に基づく国際基準を確立し、様々な社会・経済・環境問題に取り組んでいる。経済成長、雇用創出から、充実した教育の促進、税務分野における国際協調まで、データ整備と分析、経験・ベストプラクティスの共有、公共政策と国際基準の設定に関する助言を行うための、独自のフォーラムと知識の中核拠点を提供している。

　OECD加盟国は、オーストラリア、オーストリア、ベルギー、カナダ、チリ、コロンビア、コスタリカ、チェコ、デンマーク、エストニア、フィンランド、フランス、ドイツ、ギリシャ、ハンガリー、アイスランド、アイルランド、イスラエル、イタリア、日本、韓国、ラトビア、リトアニア、ルクセンブルク、メキシコ、オランダ、ニュージーランド、ノルウェー、ポーランド、ポルトガル、スロバキア、スロベニア、スペイン、スウェーデン、スイス、トルコ、英国、米国である。欧州委員会もOECDの活動に参加している。

　OECDが収集した統計、経済、社会、環境の諸問題に関する研究成果は、加盟各国の合意に基づく協定、指針、標準と同様にOECD出版物として広く公開されている。

　本書はOECDの事務総長の責任のもとで発行されている。本書で表明されている意見や主張は必ずしもOECDまたはその加盟国政府の公式見解を反映するものではない。

　本書で述べる意見や議論は筆者の判断によるものであり、必ずしもOECDあるいはOECD加盟各国政府の公式見解を示すものではない。

日本語版序文

　本書は、経済協力開発機構（OECD）が2019年10月に公開した*Making Physical Education Dynamic and Inclusive for 2030, International Curriculum Analysis, OECD Future of Education 2030*の翻訳書である。また、本書は、比較体育科教育学に関する最新の知見を示している、という特長を有している。

　国際的な体育・スポーツの発展に関して、国際連合教育科学文化機関（ユネスコ）は1952年にスポーツ振興活動を開始し、体育・スポーツに関する質の充実に向けた取り組みを推進してきた（岡出, 2018）。例えば、7回の体育スポーツ担当大臣等国際会議の開催（1976年、1988年、1999年、2005年、2013年、2017年、2023年）、体育・スポーツ国際憲章の承認（1978年）、政府間委員会の設立（1978年）、ベルリン・アジェンダの承認（1999年）、スポーツと体育の国際年の宣言（2005年）、良質の体育・スポーツに関するユネスコセミナー（2006年）、ベルリン宣言採択（2013年）、良質の体育実施に向けた政策指針提案（2015年）、体育・身体活動・スポーツに関する国際憲章の採択（2015年）等である。

　このような体育・スポーツの推進に向けた国際的な流れがある中で、1990年代後半に世界各国において「体育の危機」が起こった。これが引き金となり、国際スポーツ科学体育学会連合会（ICSSPE）は各国の体育の比較を試み、1999年に第1回世界体育サミットをベルリンで開催した。

　我が国においても、1990年代後半以降、体育・保健教育の時間数削減に関する議論が起こり、各国の体育の比較を通して、我が国の体育を検討しようとする動きが加速した。例えば、アメリカ、イギリス、ドイツ、韓国、及び、日本から体育の識者を招聘し、体育の将来像をカリキュラムレベルで議論するための国際シンポジウムが開催されたり（日本スポーツ教育学会, 2000）、アメ

リカ、イギリス、ドイツ、フランス、及び、中国を比較し、日本及び諸外国の学校体育カリキュラムの実状と課題に関する報告書が提出されたり（高橋，2001）、さらに、第1回世界学校体育サミットの翻訳書が出版されたりした（日本体育学会学校体育問題検討特別委員会，2002）。本書はそれらの延長線上に位置づけることが可能である。

　本書は、4章で構成されている。
　第1章では、OECD加盟の14の国・地域、及び、4つのパートナー国・地域の計18か国・地域を対象とした調査結果の概要等が整理されている。
　第2章では、対象国・地域のカリキュラムに関する法令等が、丁寧に分析されている。
　第3章では、対象国・地域における体育・保健教育のカリキュラムの分析から目標が整理され、5つの観点が抽出されている。そして、体育・保健体育のカリキュラムは、これらの5つの観点の学習成果を学習者に保障し得るかどうかが分析されている。さらに、対象国・地域は、これらのエビデンスを踏まえた学習成果をカリキュラムの主要な目標としているかどうかが分析されている。
　第4章では、体育・保健教育カリキュラム改革の歴史が整理され、主な推進要因が分析されている。続いて今日の課題が明確に示され、21 世紀の体育の方向性が考察されている。

　さて、本書を、日本体育科教育学会から出版するに至った経緯に触れておきたい。本学会は、1995年4月に発足し、現在約900名の会員を有する学術研究団体である。本学会の目的は、「体育科教育に関する学術的・実践的研究を行い、会員相互の研究協力ならびに情報交換を促進すること」である。この目的に照らし、OECDの報告書の翻訳出版は本学会において推進すべき事業であると2022年度第1回理事会で判断され、同年総会にて審議・承認された。
　本書を読み進める中で、体育・保健教育は、子供たちの身体的成果と身体的

4

健康、心理的・情意的な成果とメンタルヘルス、社会的成果、認知的成果、そして、ライフスタイルと健康的成果に大きく寄与することに、改めて気づかされる。本書では、これらの寄与が、研究のエビデンスに基づいて主張されている。さらに、「国・地域は、これらの成果をカリキュラムの主要な目標としているか？」と問う。このような問いは、我が国の体育・保健教育のカリキュラムを考える上で、大変貴重である。

　本書が、我が国の今後の体育・保健教育のカリキュラムを考える上で、極めて重要かつ最新の知見を提供していることは間違いない。今後、本書を我が国における体育・保健教育の推進のために活用し、併せて本学会の発展に役立てたい。

　本学会会員におかれては、本書から様々な情報を得て、学術的研究・実践的研究の推進に役立てて頂ければ望外の喜びである。

　最後に、本書出版へのご支援を賜りましたOECDをはじめ、関係する皆様に心から感謝申し上げます。また、本書出版についてご快諾頂きました明石書店にお礼申し上げます。

2023年8月

日本体育科教育学会

会長　大友　智

まえがき

　本報告書は、世界中の学校制度における体育・保健教育に関するOECD初の教育政策比較の集大成である。「OECD Future of Education and Skills 2030」の支援のもと、国際カリキュラム分析の一環として実施された本報告書は、18か国・地域の体育カリキュラムに関する新しい知見を提示している。

　世界中の学校は、従来からの座学教科における生徒の学習成果を向上させる必要に迫られている。しかし、学校は単に生徒が学問的成果を追求するためだけに通う場所ではなく、社会的、感情的、身体的、精神的なウェルビーイングを育み、全人的に子供を育てる環境であるべきである。子供や若者が責任ある生産的で幸福な社会の一員となるためには、認知的な課題だけでなく、人生における個人的、社会的、職業的な機会や課題、義務の幅広い範囲に対応できるように準備する全人的教育が必要である。

　このような背景から、体育・保健教育のカリキュラム改革は、生徒の健康とウェルビーイングを促進することを目指す多くのOECD加盟国や地域において、政策の焦点となっている。

　しかし、生徒の健康とウェルビーイングが優先事項である一方で、体育・保健教育におけるどのような政策や実践が生徒の健康とウェルビーイングを支えているかについての確固たるエビデンスと政策知識は不足している。体育・保健教育のカリキュラムにおける政策の比較に関するエビデンスは、読み書きや計算といった座学中心の中核的な学習分野に比べて、比較的未開拓である。

　そこでOECDは、この重要なカリキュラム領域に光を当てるために、国際的なカリキュラム分析の一環として、比較のための再検討を開始した。その結果、18か国・地域を対象に、インターネットベースの公開情報の調査・分析、国際ワーキンググループ、体育に関する国際比較調査、国や地域のケーススタ

ディを行い、専門家、学者、政策立案者、教師、スクールリーダーからの情報提供が行われた。

読者ガイド

The OECD Future of Education and Skills 2030：プロジェクトの背景

　The OECD Future of Education and Skills 2030（以下、「Education 2030プロジェクト」と表記）は、今日の生徒が活躍し、世界を形作るためにどのような知識、技能、態度、価値観が求められるか、また、どのような教育制度がそれらを効果的に育成できるかという問いに対する答えを各国が見出せるようにすることを目的としている。

OECD Education 2030ラーニングフレームワーク

　OECD Education 2030ラーニングフレームワーク（「OECDラーニングコンパス2030」として発表）は、将来の教育制度に関する意欲的なビジョンと目標を示し、教育の未来に関して複数のステークホルダーによるグローバルな対話を支援するため、国、地方自治体、学校、教師、生徒、その他のステークホルダー間の共通言語を確立した。

2030年に向けたダイナミックかつインクルーシブな体育カリキュラムの作成

　この調査は、OECDが政策分析の一環として体育・保健教育に焦点を当てた初めてのものである。体育・保健教育の効果に関する研究成果を把握し、各国の体育・保健教育政策、カリキュラム、実践、展望などの状況について新たな知見を提示するものである。

　このテーマ別レビューのための研究プログラムは、第1フェーズにあるEducation 2030プロジェクトの支援の下で行われた。ここには、カリキュラム再設計に関する政策アンケート（Policy Questionnaire on Curriculum Redesign: PQC）やカリキュラム・コンテンツ・マッピング（Curriculum Content Mapping:

CCM）など、Education 2030プロジェクトの主要な取り組みが含まれている。

　体育・保健教育カリキュラムの比較に関する世界的な理解を深めるため、OECDは、主要国・地域との協力のもと、「体育の国際比較レビュー」アンケートを作成した。このアンケートに回答した18か国・地域はオーストラリア、チリ、イングランド［イギリス］、エストニア、日本、韓国、ルクセンブルク、ノルウェー、オンタリオ州［カナダ］、ポルトガル、スコットランド［イギリス］、スイス、トルコ、ウェールズ［イギリス］、中国、香港［中国]、カザフスタン、ロシアであり、各国の体育カリキュラムの設計と内容に関する独自の比較データを提供してくれた。ただし、オーストラリア、チリ、イングランド［イギリス］、ルクセンブルク、スイス、ウェールズ［イギリス］の回答は、それぞれの政府の担当者や指名された専門家によるものではなく、研究者や学識経験者によるものである。したがって、これらの国・地域の公式見解ではない。

　また、これらの10か国・地域の専門家は、国際比較レビューの知見を深めるための補完的な質的データを提供するために、オリジナルの国別・地域別ケーススタディを提供している。これらのケーススタディは、世界中の体育専門家が提供した多数の分析結果を補完するものであり、Education 2030プロジェクトのウェブサイトから入手可能である。

　こうしたプロセスを経た分析によって、体育・保健教育の政策、カリキュラム、実践の状況について、国際的な視点から新たな知見を生み出すことができた。

保健体育教育の未来をつくる
OECD カリキュラム国際調査
〈OECD Education 2030 プロジェクト〉

目 次

コラム・図表一覧

——第4章　21世紀の目的に向けて：
　　　　体育・保健教育の過去・現在・未来への道筋

——付録B　体育が認知的成果に与える影響に関するメタデータ分析

第 **1** 章

体育・保健教育カリキュラム調査：
概要と主要知見

　本章では、調査対象となった教育機関の体育・保健教育カリキュラムに関する幅広い再検討から得られた主要な知見を概観する。この概要で要約されている報告書は主に３つの領域に基づいている。1）18 か国・地域の体育・保健教育カリキュラムの主要な特徴の比較分析、2）体育、身体活動と生徒の成果との関係についてのエビデンス、3）これらの学校制度における体育・保健教育の最近および進行中のカリキュラム改革から生まれた主要な方向性と政策的観点についてである。本章の目的は、このカリキュラム比較の分野で新しい知識を生み出し、エビデンスに基づくカリキュラム改革を通じて、生徒の健康とウェルビーイングを促進するために体育・保健教育の質を向上させようとする政策立案者間の相互学習と情報交換を促進することである。

はじめに

　今日の子供たちは、生活のあらゆる分野で前例のない変化の激しい世界を受け継ぐことになる。社会、環境、経済の絶え間ない不確実性は、彼らが大人になり仕事に就いたときの現実となる。2030年以降に現在の子供たちが直面する様々な課題や機会は、従来のカリキュラムモデルの質について疑問を呈している。それは、将来の生活に向けて十分に準備できるものになっているかどうか、実際に疑問がある。

　伝統的に、世界中の学校は学力向上を重視してきた。それは、子供たちを就職のために準備させなければならないという使命感からである。保護者や政治家は、狭く限定された学習領域で好成績を収めるよう生徒にプレッシャーを与えてきた。その過程で、体育や休憩の時間を削って、他の科目に充てる時間を増やす学校も出てきている。

　しかし、こうしたアプローチは、体育と教室で行う学習について、生徒の認知的発達に関する誤った二項対立を前提とし、子供の全人的な発達における質の高い体育が果たす役割を軽視している。実際、子供たちが多方面にわたり活動的で、社会に参画する市民として成長するためには、学校は従来の学習成果だけに焦点を当てるのではなく、それ以上のことを行う必要がある。

　針路を変え、そのような変化を起こすために、Education 2030プロジェクトは、ラーニングコンパスに、身体的・精神的健康を中核的な基盤として盛り込み、生徒たちが明日の世界を航海するために必要な社会的・身体的・心理的コンピテンシーにも同様に焦点を合わせている（図1.1参照）。

　本書は、学校において全人的に子供を育成するための道筋を探ることを目的としており、OECDが初めて体育にスポットライトを当てたものとなっている。この調査は、学識経験者の研究や各国の経験を活用し、体育が生徒の主要な成果や能力に与える幅広い影響について、微妙な差異も考慮したエビデンス

図1.1　OECDラーニングコンパス2030：社会的・身体的・心理的コンピテンシーを含む

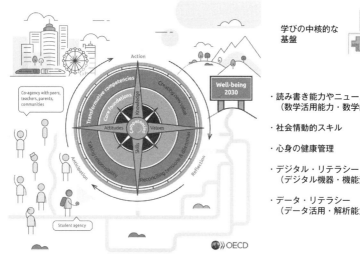

学びの中核的な
基盤

・読み書き能力やニューメラシー
　（数学活用能力・数学的リテラシー）

・社会情動的スキル

・心身の健康管理

・デジタル・リテラシー
　（デジタル機器・機能活用能力）

・データ・リテラシー
　（データ活用・解析能力）

出典：Future of Education and Skills 2030 Learning Compass.

を提供している。また、国際的な視点から見た体育・保健教育政策の現状と、将来的な変革の道筋も示している。

第1節　なぜ本書が重要なのか

　生徒の全人的な発達とウェルビーイングに対する世界的な関心が高まっているにもかかわらず、どのような教育政策やカリキュラムがこのパラダイムの変化を可能にするか、また、体育・保健教育カリキュラムがそこで果たすことができる役割について、コンセンサスは得られていないのが現状である。

　すべてのOECD加盟国において、体育はカリキュラムの一部であり、伝統的に体力と衛生に重点を置いている。しかし、体育の定義、保健教育との関係、カリキュラムの中での学習領域のとらえ方、そして重要なことに、学校での実施と評価の方法にはかなりの違いがある。

そのため、体育のカリキュラムにおいて有望な新しいアプローチや実践がある一方で、改革の方向性は、世界中の体育と保健教育のカリキュラムに関する情報の不足によって妨げられている部分がある。体育・保健教育が従来からの座学教科とそれ以外の教科の成果の両方に貢献する可能性を考えると、この分野が包括的で未来志向のカリキュラムの中で果たすことのできる役割を十分に理解することが極めて重要である。

　このテーマ別レビューのための研究プログラムは、第1フェーズにあるEducation 2030プロジェクトの支援の下で行われた。これには、カリキュラム再設計に関する政策アンケート（Policy Questionnaire on Curriculum Redesign: PQC）やカリキュラム・コンテンツ・マッピング（Curriculum Content Mapping: CCM）など、Education 2030プロジェクトの主要な取り組みが含まれている。

　体育・保健教育カリキュラムの比較に関する世界的な理解を深めるため、OECDは、主要国およびパートナー国・地域との協力のもと、「体育の国際比較レビュー」アンケートを作成した。18か国・地域がこのアンケートに回答し、自国の体育カリキュラムの設計と内容に関する独自の比較データを提供してくれた。また、これらのうち10か国・地域の専門家が、国際比較レビューからの知見を深め、補完的な質的データを提供するために、オリジナルの国・地域別事例研究を寄稿した。これらの調査は、世界中の体育の専門家が提供した数多くの分析結果を補完するものであった。

　つまり、本書は、国際的な視点から、体育・保健教育の政策、カリキュラム、実践の現状と課題について、新たな知見を生み出すことを目的としている。全体的な目的は、子供たちがそこで生き、彼らの世界を形作るために必要になるであろうコンピテンシーを育成し発揮できるよう、包括的なカリキュラムの中で体育・保健教育を推進しようとする政策立案者の間で相互学習を促進することにある。

第2節　┃　本書の範囲と構成

　本書は、4つの章から構成されている。

　この**第1章**は、体育・保健教育に関する本書の根拠と内容の要約を示すものである。

　第2章では、国際的な視点より、主要な政策文書（教育法やカリキュラムの枠組みを含む）や法令に記録されている国の体育・保健教育カリキュラムの主要な特徴について提示する。この比較分析は、体育の国際比較レビューのアンケートを通して集められたデータを基に、参加国や地域における質の高い体育・保健教育の提供に関連するカリキュラム設計、内容、および適応範囲に焦点を当てている。

　第3章では、子供や若者（少年期や青年期）における、体育や身体活動と、身体的成果、ライフスタイルや健康に関する成果、心理的・情意的成果、認知的成果、社会的成果との関連性について、明らかにされているエビデンスについて検討した文献レビューの結果を要約している。各成果に対する体育の影響に関するエビデンスを提示した後、各国・地域がカリキュラムの中でこれらの成果達成のために取り組んでいるかどうかも示している。

　エビデンスのレビューを補完するために、巻末付録Bでは、学業成績を調査する研究に特に焦点を当て、子供や若者の体育・身体活動と認知的成果の関連性をメタ分析した結果も紹介している。

　第4章では、体育・保健教育のカリキュラム改革における重要な方向性と将来の道筋について、国・地域ごとのケーススタディを提供した参加国・地域の比較分析を提示する。これらの国・地域は、近年、ほとんどの場合、教科学習分野の改革を行ったか、現在行っているところであり、したがって、将来的な改革を効果的に実施するための政策決定、新たな方向性、政策的観点についての貴重な知見を提供している。

コラム 1.1　保健教育と体育：主な定義

　体育（PE）には非常に幅広い解釈があり、それはOECD Education 2030イニシアティブの一環として集められた政策文書の多様な内容からも明らかである。しかし、この報告書では、学校の科目としての体育に主眼を置き、身体活動（PA）だけに焦点を当てることはしない。これらの概念は通常、絡み合っているが、両者の間には重要な違いがある。

　体育は通常、身体活動と関連付けられているが、教科としての範囲は通常より広くなっている。例えば、本調査のカリキュラム比較分析では、ほとんどの国・地域で体育のカリキュラムに保健に関連する内容が含まれていることが示されている。そのため、本書では、この学習領域の内容や範囲のより包括的で相互関連性の高い性質やその変化を反映し、体育・保健教育と呼ぶことがある。

　この概念化は、体育・保健教育における将来の変化の道を探る上でも重要である。従来、ほとんどの研究は、体育・保健教育が身体活動レベルを向上させることで生徒に与える影響に焦点を当ててきた。この影響は非常に重要であり、軽視されるべきではない。しかし、体育が全人的で生涯にわたる発達をもたらす道筋を評価することも重要である。

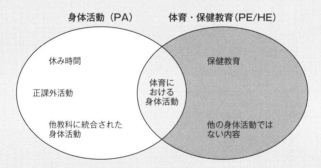

　最後に、参加国・地域に共通する懸念として、生徒が推奨される週当たりの身体活動レベルに達することを確認することが重要である。身体活動は、体育の時間だけでなく、休み時間や学校の外でも行われることがある。教科としての体育・保健教育と、教科外での身体活動の間のこのような相互作用は、政策立案に関連するものである。そのため、本書では、生徒の身体活動レベルを促進するために、これらの相互作用についても触れていく。

出典：Education 2030 International Comparative Review of Physical Education questionnaire (2018), Curr1. 4a. A.

第3節 ▌ 本書の主要知見

　体育・保健教育は、生徒の全人的な発達に寄与し、重要な能力の育成と生徒の心身の健康を促進する、明日の教育の礎のひとつとなる可能性を備えている。

国や地域によって、保健教育と体育の組み合わせのアプローチは異なる

　ほとんどの国・地域では、体育を含む複数の教科の中に健康関連のトピックや内容を様々な方法で組み込んでいる（ただし、これに限らない）。その結果、保健教育は、例えば、自然科学や社会科学の分野にも組み込まれていることがある。6か国・地域（33％）が、主に体育の中に組み入れられた保健教育の内容を、1つの教科に含めると報告している（**オーストラリア、オンタリオ州 [カナダ]、中国、日本、韓国、ウェールズ [イギリス]**）。

体育の授業は、生徒を学校の内外において、そして卒業後にもより「身体的に活動的」にすることに貢献できる

　研究によると、生徒は体育・保健教育（PE/HE）に出席すると、その当日はより活動的になる。また、出席率が高いほど、学校外や大人になってからの身体活動も活発になることが分かっている。生徒の循環器系疾患の傾向も懸念されており、こうした点への影響にも注目する必要がある。不十分な身体活動は、循環器系疾患、慢性呼吸器疾患、がん、糖尿病など、子供、若者、成人の非伝染性疾患に関連する4つの主要なリスク要因のひとつである（Granger, 2017）。

適切な体育の授業は、生徒の社会的スキルと社会性の発達に強いプラスの影響を与えることができる

　高い社会的スキルは、これからの世界では不可欠なものとなっていくであろう。今日でも、私たちが直面する最大の社会的課題の中には、社会的孤立や学校でのいじめなどがあるが、社会的スキルは重要な媒介となる。研究によると、体育は生徒の対面的な社会的相互作用を促進するための重要な場であることが分かっている。信頼、共同体意識、共感、協力、学校に対する好意的な態度などは、体育が重要な役割を果たすことが示されている社会的成果の一部である。

　国・地域によっては、体育・保健体育のカリキュラムの中で、他のどの分野よりも多くの社会的成果を明確に推進している。しかし、研究によると、体育・保健教育（PE/HE）は、（教師主導のアプローチではなく）協働的で生徒主体の指導方法が活用されたときに、最もよく社会的成果を促進することができる（Haugen, Safvenbom and Ommundsen, 2013; Macdonald-Wallis et al., 2011）。

学校での体育・保健教育の授業に多くの時間を費やし、他の教科の授業時間を比較的少なくしても、学業成績に悪影響はない

　体育は、問題解決、自己認識、目標設定、記憶、自己調整、計画、創造性といった重要な認知的成果に寄与することが示されている（Alvarez-Bueno et al., 2017a; Singh et al., 2012; Biddle and Asare, 2011）。また、これらの研究において、体育の中の身体活動の効果は、他の身体活動よりも大きいことが示されている。

　ロシアとトルコを除く本研究のすべての国・地域は、体育カリキュラムの中で少なくとも1つの明確な認知的成果を推進しているが、これらは必ずしも一貫していない。オーストラリア、チリ、中国、日本、ポルトガル、スイスだけが、学力向上を体育・保健教育の成果として掲げている。

体育は自尊心や自己効力感に影響を与えるだけでなく、深刻な心理状態にある生徒を支援することができる。ただし、優れた教育的アプローチが重要である

　研究によると、学生のストレスは増加の一途をたどっている。情意的・心理的な成果は、ストレスと心理的適応の関係を媒介することによって、若者のウェルビーイングに重要な役割を果たす（Haine et al., 2003）。しかし、一貫してポジティブな成果を得るためには、効果的な計画、指導、生徒との関係の構築が必要と思われる。この意味で、教師の教育的アプローチは極めて重要である（Camiré, Trudel, and Forneris, 2012; Goudas and Giannoudis, 2008, 2010; Mandigo, Corlett and Ticas, 2016）。

　本研究では、ほとんどの国・地域が、体育・保健教育の目的として広義に定義された心理的ウェルビーイングを含んでいる。しかし、不安の軽減、ストレスの軽減、気持ちの落ち込みの軽減など、特定の心理的健康状態を明確に対象としている国・地域は、ごく一部である（**オンタリオ州［カナダ］、中国、日本、ルクセンブルク**）。

体育・保健教育は、食事や生活習慣に関する知識の不平等を解消するための手段となり得る

　ライフスタイルの選択には様々な外的要因が影響する。社会経済的地位、伝統、文化的規範、家族関係の質、役割モデルなどは特に重要であるが、情報の役割も重要である。この意味で、社会経済的に恵まれた環境にある生徒は、不利な環境にある生徒よりも健康的な習慣の重要性を認識している傾向がある（OECD, 2017）。体育・保健教育は、こうした不平等を引き起こす知識の差を軽減するための重要な手段を提供することができる。

　国・地域によって特定された明示的なライフスタイルと健康の成果にはかなりの違いがあり、体育・保健教育カリキュラムの中に保健教育を組み込むための異なるアプローチを示している。

体育・保健教育は、生徒のウェルビーイングの促進を核とした学際的な科目／学習領域になりつつある

　体育・保健教育の内容は、従来から、学習や能力開発、生涯活動的な生活の促進よりも、体力強化に付随するものとして狭く捉えられていた。しかし、最近の多くの国の体育・保健教育の改革は、生徒のウェルビーイングをこの学習領域の中心に置くよう努力することで、このパラダイムを変え始めている。

体育のカリキュラムを改めて作り直す場合、包摂性を念頭に置くことが重要である

　多くの国・地域では、体育における公正性（イクイティ）と包摂性（インクルージョン）は学校にとって重要な課題であると言われている。多くの不利な立場にある生徒にとって、体育の授業は、体系化されて指導される身体活動を行う唯一の機会であるかもしれない。そのため、性別、人種、バックグラウンドに関係なく、すべての生徒が体育・保健教育から恩恵を受けられるようにすることが求められている。

　体育・保健教育におけるジェンダーインクルージョンの課題は、特に女子生徒の参加率や身体活動レベルが低い国（**オーストラリア、イングランド［イギリス］、日本、韓国**）から報告されている。また、多くの国で女性の体育教師が不足していることや、体育へのアプローチにジェンダーの固定観念が根付いていることも、この分野の課題である。それにもかかわらず、体育・保健教育におけるジェンダー問題についての要求やガイドラインがあると答えた国は44%に過ぎない（**中国、エストニア、韓国、ノルウェー、オンタリオ州［カナダ］、ポルトガル、スコットランド［イギリス］、トルコ**）。

　性別に限らず、各国は障害や特別な学習を必要とする子供たちの体育・保健教育における包摂性を推進することに重点を置いている。この分野では、すべてではないが、多くの国・地域がガイドラインや要件を設けていると報告している。

知識豊富なコンピテンシーベースのカリキュラムへの移行が進みつつある

多くの国が、生徒の将来への準備の必要性に応え、体育・保健教育のカリキュラム改革に、教科横断的なテーマやコンピテンシーをますます取り入れている。

このような新しいコンセプトの取り入れは、コンテンツベースのカリキュラム設計のコンセプトが放棄されることを意味するものではない。コンテンツベースとコンピテンシーベースのカリキュラムモデルは、カテゴライズされた代替案ではなく、本研究のほとんどの国・地域では、体育・保健教育のカリキュラム全体の中でそれぞれの要素を組み合わせている。

この意味で、「コンテンツベースのカリキュラム」と「コンピテンシーベースのカリキュラム」の間に誤った二項対立が存在してきたと言える。コンピテンシーの効果的な育成には、知識、スキル、態度、価値観の育成が必要である。こうして、「知識主導型、コンピテンシーベースのカリキュラム」という統合モデルが、対応策として現れ始めている。

効果的なカリキュラムの実施には、目標、教育方法、評価を一致させ、カリキュラムのギャップに対処することが重要である

体育・保健教育のカリキュラム改革に着手し、コンピテンシーベースの設計概念や多様な学習成果をカリキュラムに取り入れる国が増加している。このような新しいカリキュラムのアイデアを効果的に実施するためには、カリキュラムの意図する目標、学校での教育実践、期待される生徒の学習成果を一致させることが必要である。

このような背景から、体育・保健教育における評価や教育方法をカリキュラムの変革に適応させることが、各国から報告された重要な課題となっている。情報通信技術（ICT）は、これらのギャップを埋めるために重要であり、教育方法や革新的な評価の更新の機会と課題の両方を生み出すと期待される。

新しいカリキュラムの設計を実現するためには、教師のエージェンシー*と教師のウェルビーイングを大切にすることが重要である

　支援があれば、教師は自らのエージェンシーを発揮して、生徒にとって最も適切な内容、教育的アプローチ、あるいは評価について、自らの置かれた状況を考慮した上で意思決定することができる。しかし、多くの国では、説明責任の増加により、教師のウェルビーイングが脅かされている。教師がコミュニティ内の資源を活用できるようにする仕組みがあれば、教師のウェルビーイングを守りつつ、状況に応じた教育的アプローチを強化することができる。

モニタリングの実施、とりわけ生徒のウェルビーイングに焦点を当てたモニタリングの実施をはじめ、新しいカリキュラムの内容、教育方法、評価をパイロット的に実施してみることは重要であるものの、十分に活用されている手段とは言い難い

　国・地域によって、新しいカリキュラムデザインのコンセプトを授業に導入する際にギャップがあることを報告している。新しいカリキュラムの内容や教育方法、評価は、必ずしも授業に取り入れたときに効果があるとは限らず、また、スケールアップしていくことも難しい。この意味で、試行とモニタリングの仕組みは、新しいカリキュラム改革を効果的に実施するための有効な手段である。しかし、こうした試行とモニタリングの仕組みの活用は国を超えて一般化されているとは言い難い。

---

* 訳注：OECD Education 2030 プロジェクトのポジション・ペーパー、OECD（2018）The future of education and skills: Education 2030 の日本語仮訳によると、「エージェンシーは社会参画を通じて人々や物事、環境が より良いものとなるように影響を与えるという責任感を持っていることを含意する」とある。文部科学省初等中等教育局教育課程課教育課程企画室「教育とスキルの未来：Education 2030【仮訳（案）】」https://www.oecd.org/education/2030-project/about/documents/OECD-Education-2030-Position-Paper_Japanese.pdf より。

体育・保健教育における知識のギャップを埋めることが重要であり、さらなる研究が必要である

　体育、身体活動、子供や青少年の成果に関するエビデンスは蓄積されつつあるが、それでも比較カリキュラム研究の中では、未開拓の分野でもある。参加国・地域から提供された経験や専門知識を踏まえた文献調査をみると、エビデンス間に重大なギャップがあるものもあり、今後さらなる発展や研究に向けて優先すべき領域があることを示している。

参考文献・資料

Alvarez-Bueno, C. et al.（2017a）, "The effect of physical activity interventions on children's cognition and meta-cognition: A systematic review and meta-analysis", *Journal of the American Academy of Child and Adolescent Psychiatry*, Vol. 56/9, Elsevier, New York, pp. 729-738, https://doi.org/10.1016/j.jaac.2017.06.012.

Biddle, S. J. H. and M. Asare（2011）, "Physical activity and mental health in children and adolescents: A review of reviews", *British Journal of Sports Medicine*, https://doi.org/10.1136/bjsports-2011-090185.

Camiré, M., P. Trudel and T. Forneris（2012）, "Coaching and transferring life skills: Philosophies and strategies used by model high school coaches", *The Sport Psychologist*, 26（2）, 243-260.

Haine, R. A. et al.（2003）, "Locus of control and self-esteem as stress-moderators or stress-mediators in parentally bereaved children", *Death Studies*, 27（7）, 619-640.

Haugen, T., R. Safvenbom and Y. Ommundsen（2011）, "Physical activity and global self-worth: The role of physical self-esteem indices and gender", *Mental Health and Physical Activity*, https://doi.org/10.1016/j.mhpa.2011.07.001.

Goudas, M. and G. Giannoudis（2010）, "A qualitative evaluation of a life-skills program in a physical education context", *Hellenic Journal of Psychology*, 7（3）, 315-334.

Goudas, M. and G. Giannoudis（2008）, "A team-sports-based life-skills program in a physical education context", *Learning and Instruction*, 18（6）, 528-536.

Granger, E.（2017）, "A systematic review of the relationship between physical activity and health status in adolescents", *The European Journal of Public Health*, 27（2）, 1-7.

Macdonald-Wallis, K. et al. (2011), "School-based friendship networks and children's physical activity: A spatial analytical approach", *Social Science and Medicine*, https://doi.org/10.1016/j.socscimed.2011.04.018.

Mandigo, J., J. Corlett and P. Ticas (2016), "Examining the role of life skills developed through Salvadoran physical education programs on the prevention of youth violence", *Journal of Sport for Development*, 4 (7), 25-38.

OECD (2018), *OECD Future of Education and Skills 2030 Conceptual Learning Framework*, OECD Publishing, Paris.

OECD (2017), *PISA 2015 Results (Volume III): Students' Well-Being*, OECD Publishing, Paris, https://doi.org/10.1787/9789264273856-en.

Singh, A. et al. (2012), "Physical activity and performance at school: A systematic review of the literature including a methodological quality assessment", *Archives of Pediatrics and Adolescent Medicine*, Vol. 166/1, pp. 49-55, http://dx.doi.org/10.1001/archpediatrics.2011.716.

Suhrcke, M., D. Pillas and C. Selai (2008), *Economic Aspects of Mental Health in Children and Adolescents: Social Cohesion for Mental Well-Being among Adolescents*, WHO Regional Office for Europe, Copenhagen.

第 2 章

体育・保健教育カリキュラムの
比較分析

　本章では、OECD 加盟 18 か国・地域の体育・保健教育カリキュラムの主な特徴について、独自の国際的視点を提供する。カリキュラムに関連する法令、体育・保健教育の範囲、カリキュラムの内容、教科横断的な側面、授業時間、正課外の身体活動、体育を取り巻く状況、生徒の評価、人材育成・資格・教員支援、インクルージョンのための政策と規定、生徒の安全確保に関する方針などの 11 の分野を中心に比較検討した結果を整理している。

はじめに

　どのような学習領域でもそうであるように、体育においても質の高い指導と学習経験を提供するための「正しいカリキュラムのアプローチ」についてコンセンサスは得られていない。体育と保健教育におけるカリキュラムの開発と実施には、多様な要因が影響している。

　例えば、カリキュラムにおける体育と保健教育の範囲と関係や、量（生徒が1週間に出席する体育の授業時数）と質（生徒が生涯にわたって健康的な習慣や態度を学び、身に付けているか）による影響、さらにカリキュラムデザインに対するコンピテンシーベースとコンテンツベースのアプローチなどが議論の焦点となる。

　本章では、OECDが初めて体系的に収集した、18か国・地域の体育カリキュラムに特化したオリジナルデータを紹介する。

　本章では、体育に特化して、カリキュラムに関連する法令、カリキュラムの範囲、授業時間、課外活動、環境と施設、評価の方針と実践、人材育成・資格・教員支援、インクルージョンのための方針、安全確保のための方針などの主要なトピックを取り上げる。

第1節 ▍ カリキュラムに関連する法令

　すべての参加国・地域では、体育はISCED 1[1] と ISCED 2[2] のレベルで**必修教科**であり、ISCED 1とISCED 2の体育に特化したナショナルカリキュラムを

---

1. 国際標準教育分類レベル1、初等教育に相当する。
2. 国際標準教育分類レベル2、前期中等教育に相当する。

有している。ただ、**スイス**は例外で、ISCED 1のみ体育に関するナショナルカリキュラムを持っている。

　体育は通常、憲法（カザフスタン、スイス）、教育に関する一般法（**オンタリオ州［カナダ］**、**ウェールズ［イギリス］**の教育法、**日本**の学校教育法など）、カリキュラム（**チリ**、**エストニア**、**スコットランド［イギリス］**）、体育特有の法律（**韓国**、**ルクセンブルク**）などの法的文書によって規定されている。

　表2.1は、参加国・地域の体育・保健教育（PE/HE）を規定する政策の手法を示したものである。

第2節　体育・保健教育のカリキュラムの範囲

　「体育」に研究の焦点を当ててはいるものの、多くの場合、体育に「保健教育」が組み込まれていることが明らかになった。参加国・地域は、体育・保健教育をカリキュラムに取り入れる上で、以下の3つのモデルのうち1つ以上を採用している（表2.1）。

　1）体育と保健教育は別の教科である。
　2）保健に関連するトピックや内容は、体育を含む他の複数の教科に組み込まれている。
　3）体育と保健教育は、主に1つの教科として組み合わされている。

　これらの選択肢は、カテゴリー別でも、相互対立的なものでもない。参加国・地域は、体育・保健教育の内容領域をナショナルカリキュラムに組み込む上で多様なアプローチをとっている。これらのカリキュラムモデルは、ISCED 1とISCED 2の両方に適用されるが、スイス[3]（ISCED 1のみナショナルカリ

---

3. スイスのカントン（州）は、カリキュラムの開発に関して自治権を持っている。

表2.1　体育に関するカリキュラム規定の枠組みと政策

		体育を規定する主な政策／法律やその他の公的文書は何か？	国・地域には、ISCED 1とISCED 2の体育のためのナショナルカリキュラムがあるか？	体育のナショナルカリキュラムは、政策や政府の法律で規定されているか？	ISCED 1とISCED 2では、体育は必修か？
OECD加盟国・地域	オーストラリア	メルボルン宣言：Melbourne Declaration, 2008	はい	はい	はい
	チリ	チリ教育省主導のナショナルカリキュラム：National Curriculum directed by Chilean Ministry of Education	はい	はい	はい
	イングランド[イギリス]	ナショナルカリキュラム・キーステージ1-4：National Curriculum for England Key Stages 1-4	はい	はい	はい
	エストニア	全国基礎学校教育要領：National Curriculum for Basic Schools（教育・研究省：Ministry of Education and Research, 2014）全国高等学校教育要領：National Curriculum for Upper Secondary Schools（教育・研究省：Ministry of Education and Research, 2014）	はい	はい	はい
	日本	学校教育法施行規則	はい	はい	はい
	韓国	体育・学校スポーツ振興法：Physical Education and School Sport Promotion Act, 2015	はい	はい	はい
	ルクセンブルク	スポーツ法：Sports Law（MOE）	はい	はい	はい
	ノルウェー	ナレッジプロモーション改革：Knowledge Promotion Reform（MOE, 2006）	はい	はい	はい
	オンタリオ州[カナダ]	教育法：Education Act	はい	はい	はい
	ポルトガル	政令第139号：Decree Law No.139, 2012　第91号：No.91, 2013 と第176号：No.176, 2014で改正	はい	はい	はい
	スコットランド[イギリス]	カリキュラム・フォー・エクセレンス：Curriculum for Excellence	はい	はい	はい
	スイス	憲法：Constitution	ISCED 1のみ	はい	はい
	トルコ	国家教育省のガイドライン：Guidelines from Ministry of Education	はい	はい	はい
	ウェールズ[イギリス]	教育法：Education Act, 2002	はい	はい	はい
パートナー国・地域	中国	中華人民共和国教育法：The Education Law of the People's Republic of China, 1995　中華人民共和国体育法：The Sports Law of the People's Republic of China, 1995　学校体育の更なる強化：Further Strengthening Physical Education in Schools, 2012　高い道徳価値と人間育成を教育の基本課題とすることの実施を深めるためのカリキュラム改革に関する意見：Opinions on Curriculum Reform to Deepen the Implementation of Setting High Moral Values and People Cultivation as the Fundamental Task of Education, 2014　少年スポーツの強化と少年健康の構築：Strengthening Juvenile Sports and Building Up Juvenile Health（CCCP, 2007）健康中国2030の概要：Outline of Healthy China 2030, 2016　第13次健康五か年計画：13th Five-Year Health and Wellness Planning, 2017	はい	はい	はい
	香港［中国］	教育課程編成審議会 体育部会：Curriculum Development Council Committee on Physical Education	はい	はい	はい
	カザフスタン	カザフスタン共和国憲法；教育法：Constitution of the Republic of Kazakhstan; On Education Act, 2007　身体文化・スポーツ法：On Physical Culture and Sports Act, 2014　国家義務教育基準：State Compulsory Educational Standards（教育科学省：SCES, 2015）	はい	はい	はい
	ロシア	連邦州教育基準：Federal State Educational Standard（FGOS）、基礎的一般教育（POOP）の模範的な中核教育プログラム：Exemplary Core Educational Program of Basic General Education	はい	はい	はい

出典：Education 2030 International Comparative Review of Physical Education questionnaire（2018）. Curr. 1.1, 1.1a and 1.2.

キュラムを有する）は例外である。

　本書では、「体育・保健教育」もしくは「PE/HE」を科目名として使用し、これらの学習領域が相補的であり、しばしば相互に関連し合っていると認識している。しかし、体育と保健教育の関係性の在り方や相対的な範囲には大きな違いがある。

別モデルとしての体育と保健教育

　カリキュラムに保健教育を独立した科目として導入することは、一般的なアプローチではない。本研究で取り上げた国・地域の中で、このようなアプローチをとっている唯一の例は**エストニア**であり、科目名は「Physical education」と「Personal, social and health education」である。

複数の教科に組み込まれた保健教育

　国・地域が保健教育を独立した教科としていない場合に、多くは体育を含む複数の教科の中に様々な方法で保健に関連する話題や内容を組み込んでいる。これは、2008年に世界保健機関（WHO）が推奨したアプローチと合致している。WHOは、学校保健教育について、「特定の科目として教えるか、科学、家庭科、数学、農業など他の科目の一部として、または理想的にはその両方の組み合わせとして教える」ことを推奨している（コラム2.1参照）。

主に体育のカリキュラムの中に組み込まれた保健教育

　参加国・地域のうち7か国で、保健教育は主に独立した教科としての体育と組み合わせたカリキュラムに含まれていると回答している。

　オーストラリア、中国、チリ、オンタリオ州［カナダ］は、両方の学習領域を表す公式の教科名（「Health and physical education」「Physical education and health」「Sports and health」など）を用いて複合モデルを反映している。一方、**ウェールズ［イギリス］**と**韓国**は公式に「Physical education」と表記し、**スコットランド［イギリス］**は「Health and well-being」をナショナルカリキュラムの中核のひとつとして位置付けている。

これらの国・地域では、保健教育は他の教科・学習分野にも組み込まれている。しかし、この場合、体育が主たる科目であり、その中に保健教育が組み込まれている。

その他の参加国・地域では、体育は保健に関する内容を一部含んでいるものの、保健教育を統合するような主たる科目の位置付けにはない。なお、唯一**イングランド［イギリス］**と**ポルトガル**は、カリキュラムの中に保健のトピックを一切含んでいないと報告している（表2.2参照）。

コラム 2.1　生徒の健康とウェルビーイングを増進するための保健教育：WHOの勧告

WHOが2008年に示した勧告によると、学校保健教育の目的は、生徒が十分な情報を得た上で意思決定を行い、健康的な行動を実践し、健康を促進する条件を整えるために必要な知識と技能を身に付けることである、としている。学校保健教育は、国のニーズや利用できるリソースを踏まえて様々な方法で実施されている。

保健教育は、特定の科目として、あるいは科学、家庭科、数学、農業など他の科目の一部として、あるいは理想的にはその両方の組み合わせとして指導されている。食事と身体活動に焦点を当てつつ、保健教育では以下の方針が必要とされている。

●良い食事、身体活動、健康、これらの関係について、知識と技能を提供し、態度を養うことを支援する。
●食品を安全に調理し、消費することは、人生において必要不可欠で、肯定的かつ楽しい側面であることを伝える。
●食事や運動に関する意思決定など、重要なスキルを実践する機会を提供する。
●生徒が、体を動かすことや健康的な食品を選択する上での障害を特定するだけではなく、これらの障害を克服するための解決策も特定できるようにする。

- ●特に食品とノンアルコール飲料に関するメディアとマーケティングのリテラシーを生徒に提供する。
- ●生徒たちに健康についてのメッセージを効果的に伝えるために必要な知識と技能を備え、十分に養成された教師が必要である。

これらの勧告を実施するために政府や地方教育機関ができることは以下のとおりである。

1）国の学校カリキュラムでは、健康的な食事と身体活動に関する情報を踏まえて、開発、実施、強化をすること。
2）食事と身体活動に関連した適切なカリキュラムを提供する基準や教材の開発を奨励しているが、そのためにも教師、保護者、教職員組織、その他の関係者とのパートナーシップを確立すること。
3）必要に応じて、学校教育期間中の保健教育について一定の規定を定めることも検討すること。

出典：World Health Organization (2008), School Policy Framework: Implementation of the WHO Global Strategy on Diet, Physical Activity and Health, WHO, https://apps.who.int/iris/handle/10665/43923.

　体育のカリキュラムに含まれている保健関連の主な内容は、安全、食と栄養、人間関係教育、メンタルヘルス、ウェルビーイングやストレス管理などである。しかし、多くの国や地域では、体育・保健教育に含まれるべき内容に差が見られる。例えば、**オンタリオ州［カナダ］**では、性教育からメンタルヘルスまで幅広い保健関連の成果を含んでいる（表2.3参照）。

表2.2　カリキュラムに保健教育を取り入れるためのアプローチ

		体育・保健教育別科	複数の教科に組み込まれた保健教育（体育を含むがこれに限定されない）	保健教育は主に体育のカリキュラムの中に組み込まれている	教科名
OECD加盟国・地域	オーストラリア	いいえ	いいえ	はい*	Health and physical education
	チリ	いいえ	いいえ	はい	Physical education and health
	イングランド[イギリス]	いいえ	はい	いいえ	Physical education
	エストニア	はい	いいえ	いいえ	Physical education
	日本	いいえ	いいえ	はい	体育（ISCED 1）；保健体育（ISCED 2）
	韓国	いいえ	いいえ	はい	Physical education
	ルクセンブルク	いいえ	はい	いいえ	Physical education
	ノルウェー	いいえ	はい	いいえ	Physical education
	オンタリオ州[カナダ]	いいえ	いいえ	はい	Physical education and health
	ポルトガル	いいえ	はい	いいえ	Physical education
	スコットランド[イギリス]	いいえ	はい	いいえ	Health and well-being
	スイス	いいえ	はい	いいえ	Physical education and health
	トルコ	いいえ	はい	いいえ	Physical education
	ウェールズ[イギリス]	いいえ	いいえ	はい	Physical education
パートナー国・地域	中国	いいえ	いいえ	はい	Sports and health
	香港[中国]	いいえ	はい	いいえ	Physical education
	カザフスタン	いいえ	はい	いいえ	Physical education
	ロシア	いいえ	はい	いいえ	Physical education

注：オーストラリアでは、実施形態は州や準州によって異なる。エストニアでは、保健体育（HE）は独自の科目（Personal, Social and Health Education）を持っている。
出典：Education 2030 International Comparative Review of Physical Education questionnaire（2018）,Curr2.

表2.3　体育・保健教育のカリキュラムに含まれる保健関連の内容領域

	体育・保健教育別科	複数の教科に組み込まれた保健教育（体育を含むがこれに限定されない）	保健教育は主に体育のカリキュラムの中に組み込まれている	内容			
				安全性	食品・栄養	人間関係教育	メンタルヘルス、ウェルビーイングとストレス管理
オーストラリア	いいえ	いいえ	はい*	はい	はい	はい	はい
チリ	いいえ	いいえ	はい	はい	はい	いいえ	いいえ
イングランド[イギリス]	いいえ	はい	いいえ	いいえ	いいえ	いいえ	いいえ
エストニア	はい	いいえ	いいえ	はい	いいえ	はい	いいえ
日本	いいえ	いいえ	はい	はい	はい	いいえ	いいえ
韓国	いいえ	いいえ	はい	はい	いいえ	はい	はい
ルクセンブルク	いいえ	はい	いいえ	いいえ	いいえ	いいえ	はい
ノルウェー	いいえ	はい	いいえ	はい	いいえ	いいえ	いいえ
オンタリオ州[カナダ]	いいえ	いいえ	はい	はい	はい	はい	はい
ポルトガル	いいえ	はい	いいえ	いいえ	いいえ	いいえ	いいえ
スコットランド[イギリス]	いいえ	いいえ	いいえ	いいえ	いいえ	いいえ	いいえ
スイス	いいえ	はい	いいえ	いいえ	はい	はい	いいえ
トルコ	いいえ	はい	いいえ	はい	はい	はい	いいえ
ウェールズ[イギリス]	いいえ	いいえ	はい	いいえ	いいえ	いいえ	はい
中国	いいえ	いいえ	はい	はい	はい	はい	いいえ
香港[中国]	いいえ	はい	いいえ	はい	いいえ	いいえ	いいえ
カザフスタン	いいえ	はい	いいえ	いいえ	いいえ	はい	いいえ
ロシア	いいえ	はい	いいえ	はい	はい	いいえ	いいえ

（左側の区分：オーストラリア～ウェールズ[イギリス]は「OECD加盟国・地域」、中国～ロシアは「パートナー国・地域」）

注：オーストラリアでは、実施形態は州や準州によって異なる。エストニアでは、保健体育（HE）は独自の科目（Personal, Social and Health Education）を持っている。

出典：Education 2030 International Comparative Review of Physical Education questionnaire（2018）, Curr 2.6.

第3節 ┃ 体育・保健教育の教育課程におけるカリキュラムの内容

　参加国・地域は、体育・保健教育のカリキュラムに以下の内容領域を含むと報告している（表2.4参照）。

- 個人スポーツ・チームスポーツを含むゲームやスポーツは、すべての国・地域で対象となっている。しかし、健全な競争を促すためのスポーツ（**イングランド[イギリス]、スコットランド[イギリス]**）、また、協力やチームワークを促進するためのスポーツ（**韓国**）など、スポーツの異なる側面が強調されている。
- レクリエーション、レジャー、野外教育、ライフスタイルに関する活動（すべての国・地域）、例えば、オリエンテーリング、水泳、クライミング、スキー、アイススケートは、気候、環境、施設の有無が考慮されている。
- 運動技能および概念（Movement skills and concepts）は**ウェールズ[イギリス]**を除くすべての国・地域で対象となっており、体力は**ポルトガルおよびウェールズ[イギリス]**を除くすべての国・地域で対象となっている。また、ダンスまたはリズム運動は**カザフスタン、ロシア、トルコ**を除くすべての国・地域で対象となっている。
- 保健に関連する主要な内容領域に関しては、**エストニア、日本、韓国**では安全、**スイス、トルコ、中国**では食品と栄養、**オーストラリア、ノルウェー、オンタリオ州[カナダ]**では人間関係教育、**ルクセンブルク、ノルウェー、オンタリオ州[カナダ]**ではメンタルヘルス、ウェルビーイング、ストレスマネジメントが対象となっている。

　しかし、カリキュラムの中で体育に保健教育を取り入れたり、体育と一緒に取り入れたりするアプローチが混在しているため、保健に関連するトピックを含むかどうかは慎重に解釈する必要がある。

40

表2.4　体育・保健教育のカリキュラムに含まれる活動

		個人スポーツ・チームスポーツを含むゲームやスポーツ	レクリエーション、レジャー、野外教育、ライフスタイルに関する活動および成果	ダンスやリズミカルな動きを含む運動技能と概念	食品と栄養、安全など、保健に関する主要な内容領域
OECD加盟国・地域	オーストラリア	はい	はい	はい	はい
	チリ	はい	はい	はい	はい
	イングランド［イギリス］	はい	はい	はい	いいえ
	エストニア	はい	いいえ	いいえ	はい
	日本	はい	はい	はい	はい
	韓国	はい	はい	はい	はい
	ルクセンブルク	はい	いいえ	ISCED 1のみ	いいえ
	ノルウェー	はい	はい	はい	はい
	オンタリオ州［カナダ］	はい	はい	はい	はい
	ポルトガル	はい	ISCED 2のみ	はい	いいえ
	スコットランド［イギリス］	はい	はい	はい	いいえ
	スイス	はい	はい	はい	はい
	トルコ	はい	はい	はい	はい
	ウェールズ［イギリス］	はい	いいえ	いいえ	はい
パートナー国・地域	中国	はい	はい	はい	はい
	香港［中国］	はい	はい	はい	はい
	カザフスタン	はい	はい	はい	はい
	ロシア	はい	はい	はい	はい

注：スイスでは、食品と栄養に関する内容はイタリア語圏の州でのみ提供されている。
出典：Education 2030 International Comparative Review of Physical Education questionnaire（2018）. Curr.2.1

第4節 ┃ 授業時間

　初等及び中等教育の義務教育段階で定められている授業時間数は、カリキュラムの比較分析をする際の主要な指標と言える。ここには正課以外での学習や課外活動は含まれない（OECD, 2016）。

体育に割り当てられる授業時間

　定められている授業時間数と生徒が実際に受けている授業時間数とは異なることが多い。特に学校単位でカリキュラムを作成し、その実施や時間割に自由度を持たせている学校制度の場合は、その傾向が強い[4]。

　すべての参加国・地域の制度において、全体の平均で、体育カリキュラムに割り当てられる授業時間は、1年につき ISCED 1で87時間、ISCED 2で71時間である（図2.1）。

　ISCED 1の年間平均時間数が最も多いのは**トルコ**と**チリ**の2か国で、ISCED差、あるいは学年差が大きくみられる。**チリ**は4年生と5年生の間で必要な授業時間を半分に減らし（4年生まで152時間、5年生から8年生まで76時間）、**トルコ**は3年生（180時間）と4年生（72時間）で必要な授業時間を108時間減らしている。

体育の授業時間の中で身体活動に割り当てられる時間

　体育に必要な授業時間に含まれる身体活動の時間について、2018年は参加

---

4. 授業時間は、様々な単位で報告されている。ほとんどの国・地域では、必要な授業時間数を学年ごとの年間総時間数で報告している。カリキュラムの比較のために、参加国・地域の必要な授業時間数は、ISCED レベルごとの年間時間に換算されている。

図2.1　体育における必要な授業時間数

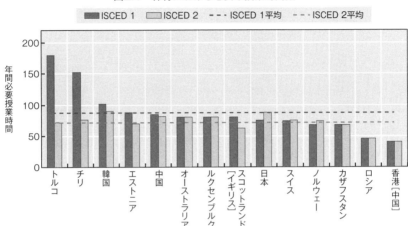

注：国・地域は、ISCED 1とISCED 2を合わせた総授業時間（平均）の降順にランク付けされている。エストニアは
ISCED 1の平均が70-105時間。イングランド［イギリス］、ポルトガル、ウェールズ［イギリス］のデータはない。
オンタリオ州［カナダ］では、体育の授業時間数は定められていないが、1年生から12年生のすべての生徒は、
毎日最低20分間、自分の能力を最大限に発揮して、持続的に中から高強度の身体活動に参加しなければならない。
9年生の保健体育のコースは、全カリキュラムに対応するために110時間の授業時間で構成されている。
出典：Education 2030 International Comparative Review of Physical Education questionnaire（2018）, Curr.1.5.

図2.2　体育・保健教育の授業時間のうち身体活動を含む時間の割合

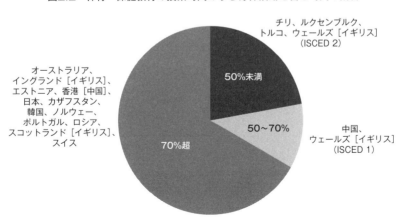

注：ルクセンブルクのデータは、リサーチ・エビデンスに基づく。スイスのデータは、ISCED 1のみ。オンタリオ州［カナダ］
の身体活動時間は規定されておらず、学校によって異なる。
出典：Education 2030 International Comparative Review of Physical Education questionnaire, 2018.

18か国・地域のうち12か国・地域（66％）が、生徒の身体活動が体育の授業時間の70％以上に及んでいると報告している（図2.2）。一方、4つの国・地域（22％）は、生徒の身体的活動が授業時間の50％にも満たないと報告している。

オンタリオ州［カナダ］では、計画的な体育の授業時間が規定されていない。すべての生徒が20分間の日常的な身体活動（Daily Physical Activity: DPA）を可能な限り行わなければならないが、その一方で、特に9年生の体育・保健教育は年間110時間となっている。

このような体育・保健教育の平均的な授業時間数（ISCED 1では87時間、ISCED 2では71時間）と、その中での身体活動の割合を踏まえると、体育・保健教育の授業は、子供の実際の身体活動の割合にもよるが、ISCED 1では年間43 〜 61時間、ISCED 2では35 〜 50時間といった身体活動時間の確保に貢献していることになる。

第5節　正課外の身体活動

オンタリオ州［カナダ］とウェールズ［イギリス］を除くすべての参加国・地域は、ISCED 1とISCED 2（ノルウェーはISCED 1のみ）における正課外の身体活動やスポーツに関する方針がある。以下に、その例をいくつか示す。

- オーストラリアでは、地域や地区によって方針が異なり、教育組織が企画・実施しているスポーツプログラムも多様である。学校によっては、すべての生徒が課外スポーツに参加することが求められているところもあれば、自主的に参加しているところもある。学校内でのスポーツや体育の活動、地域レベルでの学校対抗の定期的な大会、州全体または全国規模のスポーツイベント、さらに才能ある生徒のための全国大会への参加など、その機会は様々である。大半の学校は、ある一定の程度で、公式な学校対抗スポーツプログラムに取り組んでいる。
- ノルウェーでは、5年生から7年生を対象に、年間76時間からなる課外プログ

ラムが義務付けられている。活動は学校によって様々であるが、このプログラムの効果測定は今のところなされてはいない。ノルウェーでは2017年12月、ISCED 1において「授業のある時間内」で1日1時間の身体活動を行うという方針が決定された。これは、教師が授業中に指導の方法のひとつとして身体活動を用いることが義務付けられたことを意味する。ただし、この方針はまだ国レベルで広がっているとは言い難い。

● **チリ**では、教育省の課外教育局が国レベルで学校や大学の課外スポーツを指導し、地域の事務局や地域の課外スポーツ課がそれをサポートしている。学生は好きな活動を自由に選択できるが、体育のカリキュラムとの関連はほとんどない。また、全国的な学校スポーツ大会も開催されている。

政策や法令で規定されていない国・地域（**オンタリオ州［カナダ］やウェールズ［イギリス］**）でも、大多数の学校で正課外の身体活動が実施されている（図2.3）。その例としては、以下のようなものがある。

図2.3　学校制度によって提供される正課外の身体活動

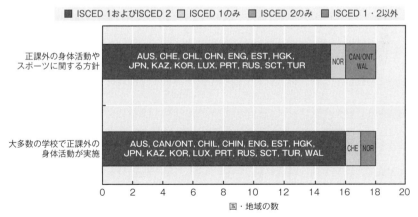

国・地域名：AUSオーストラリア；CHEスイス；CHLチリ；CHN中国；ENGイングランド［イギリス］；ESTエストニア；HGK香港［中国］；JPN日本；KAZカザフスタン；KOR韓国；LUXルクセンブルク；NORノルウェー；ONTオンタリオ州［カナダ］；PRTポルトガル；RUSロシア；SCTスコットランド［イギリス］；TURトルコ；WALウェールズ［イギリス］
出典：Education 2030 International Comparative Review of Physical Education questionnaire (2018), Curr. 1.3 and Curr. 2.9.

- **イングランド［イギリス］**では、すべての学校が課外活動として、ほぼ毎日、放課後に何らかの形で身体活動を行うことになっている。ほとんどの小学校には、通常7歳以上の生徒を対象とした放課後のスポーツクラブがあり、すべての中等教育学校では、様々な活動が行われている。小学校では、サッカーやネットボールなどの活動が一般的である。中等教育学校でも同様で、教師の専門知識や施設に応じて、ラグビーユニオン／リーグ、ダンスなどが加えられることが多い。これらの方針には、子供や若者が徒歩や自転車での通学を奨励するといったアクティブトランスポートを含めている場合もある。
- **香港［中国］**では、学校は課外スポーツ（Life Wide Learning: LWLの活動として知られている）を組織することが推奨されている。スポーツ大会への参加や国内外の大規模なスポーツイベントの観戦など、LWLの活動を通じて、授業以外や学校の外でも生徒の学習体験を豊かにすることが期待されている。

　国・地域によって、生徒の身体活動レベルを1日または1週間単位で向上させるアプローチは様々で、拘束力のあるカリキュラムの体育・保健教育の時間だけでなく、他の教科や課外活動で身体活動を取り入れた取り組みも報告されている（コラム2.2）。

コラム 2.2　生徒が推奨される身体活動レベルに達成するのを支援する：
体育・保健教育、課外活動、統合的な身体活動の組み合わせ

学校の授業時間内での統合的な身体活動

　生徒の身体活動を促進するために、体育・保健教育以外のカリキュラムの選択肢（パスウェイ）を検討している国もある。例えば**エストニア**では、2018年から、若者の健康増進のために1日1時間の身体活動を行うという世界保健機関（WHO）の勧告に基づいたモデルを試すために、一部の学校で「School in motion」プロジェクトが行われているという報告がある。このプロジェクトに参加する学校では、学校生活を再構築しており、より長い休み時間や屋外での休憩時間を設けたり、生徒の身体活動を支援するために校庭を整備したり、アクティブな通学に力を入れたり、さらには各教科担当の教師が授業の途中でアクティブな小休憩を設けたりしている。

韓国では、中学校で1コマ（45分）の「創造的体験活動（creative experiential activities）」をスクールスポーツクラブ（School Sports Clubs: SSC）の一貫として実施していると報告されている。この取り組みは、2008年に初めて開始され、課外活動の時間を対象としていた。その効果が明らかになった結果、政府はこの取り組みを学校のカリキュラムに組み込むことを決定した。

課外活動での身体活動

　一部の国では、課外活動の役割を強調することで、生徒の身体活動を促進しようとしている。**ポルトガル**の報告によると、2012年に体育・保健教育のカリキュラムの時間が減少した。同時に、精神運動系の活動を含む、必修の課外活動が推進された。その結果、**ポルトガル**のほぼすべての小学校（96.7%）で、地域社会が学校と協力して実施する課外身体活動が実施されている。

複合的なアプローチ

　オーストラリア、日本、ウェールズ［イギリス］などの国・地域では、学校内と課外でのアプローチを組み合わせて、身体活動時間を増やしている。例えば、**日本**では、学習指導要領の総則で、「学校における体育・健康に関する指導を、生徒の発達の段階を考慮して、学校の教育活動全体を通じて適切に行うこと」としている。このことは、小学校、中学校、高等学校の学習指導要領に明記されている。日本の小学生は、授業前や授業の合間に長距離走や縄跳び、体操などの運動を行っている。中学生の約60～70%が放課後、学校で運動部活動に参加している。高校生の約40～50%が学校の運動部活動に参加している。これらの運動部活動によって、生徒はほぼ毎日放課後にスポーツをしている。

　学生の身体活動を促進するための最適なアプローチはない。アプローチを微調整するためには、環境が非常に重要である。しかし、身体活動を促進するための取り組みが広範囲に及ぶように、アプローチを定義する際に、いくつかの共通の政策的な事項を理解する必要がある。生徒の学習到達度調査（PISA）のデータによると、学校外で中程度または活発な身体活動を行わないと回答した不利な立場にある生徒の割合は、行うと回答した有利な生徒の割合よりも4.5ポイント高かった（OECD, 2017）。実際、社会経済的背景は、生徒がどのような活動にアクセスできるか、あるいはそのための時間をどれだけ確保できるかを決定する重要な要因であることが多い。この意味で、課外活動へのアクセスにおける不公正性に留意することは、生徒の身体活動を促進するアプローチを設計する際に重要である。

47

教室での授業

　教室で行われる体育の場合、通常、保健関連の内容や評価が含まれている。例えば、**オーストラリア**では、教室で教えられる身体活動の時間は20％未満であるが、その一方で保健に関する内容の50％以上が教室ベースである。

　参加国・地域の半数以上（61％）で、ISCED 1の体育は教室では教えられることはない（**イングランド［イギリス］、エストニア、香港［中国］、カザフスタン、ルクセンブルク、ノルウェー、ポルトガル、ロシア、スコットランド［イギリス］、スイス、ウェールズ［イギリス］**）（表2.5）。わずか（27％）ではあるが、**オーストラリア、チリ、日本、韓国、トルコ**ではISCED 1の体育の授業の20％未満を教室で行っている。

　ISCED 2の場合は、教室での授業がより一般的とも言える。参加国・地域の半数以上（62％）が、少なくとも体育・保健教育の一部を教室で行っている。一方、7つの国・地域（**イングランド［イギリス］、エストニア、香港［中国］、カザフスタン、ルクセンブルク、ロシア、スコットランド［イギリス］**）においては、ISCED 2の体育を教室以外で行っている。

施　設

　国・地域によるが、学校施設は体育・保健教育や課外活動のための最も典型的なものとも言える。学校の制度によるが、地域施設を利用できるかは学校の場所や地域資源の有無によって違ってくる。特に水泳、アイススケート、クライミングなどの専門的なアウトドア活動では地域施設の利用が一般的である。

表2.5　ISCED 1とISCED 2における体育・保健教育の指導状況

	体育と保健は別の教科である	保健教育は複数の教科に組み込まれている（体育を含むがこれに限定されない）	保健教育は主に体育のカリキュラムの中に組み込まれている	体育・保健教育を教えている場		
				体育・保健教育は教室で教えていない	教室での授業は20%未満	教室での授業は20〜50%
オーストラリア	いいえ	いいえ	はい*		ISCED 1とISCED 2	
チリ	いいえ	いいえ	はい		ISCED 1とISCED 2	
イングランド	いいえ	はい	いいえ	ISCED 1とISCED 2		
エストニア	はい	いいえ	いいえ	ISCED 1とISCED 2		
日本	いいえ	いいえ	はい		ISCED 1	ISCED 2
韓国	いいえ	いいえ	はい		ISCED 1とISCED 2	
ルクセンブルク	いいえ	はい	いいえ	ISCED 1とISCED 2		
ノルウェー	いいえ	はい	いいえ	ISCED 1	ISCED 2	
オンタリオ州[カナダ]	いいえ	いいえ	はい			
ポルトガル	いいえ	はい	いいえ	ISCED 1	ISCED 2	
スコットランド	いいえ	いいえ	いいえ	ISCED 1とISCED 2		
スイス	いいえ	はい	いいえ	ISCED1		
トルコ	いいえ	はい	いいえ		ISCED 1とISCED 2	
ウェールズ	いいえ	いいえ	はい	ISCED 1	ISCED 2	
中国	いいえ	いいえ	はい			ISCED 1とISCED 2
香港[中国]	いいえ	はい	いいえ	ISCED 1とISCED 2		
カザフスタン	いいえ	はい	いいえ	ISCED 1とISCED 2		
ロシア	いいえ	はい	いいえ	ISCED 1とISCED 2		

（左側区分：オーストラリア〜ウェールズ＝OECD加盟国・地域、中国〜ロシア＝パートナー国・地域）

注：オンタリオ州［カナダ］のデータはない。スイスにおける指導はISCED 1にのみ適用される。体育の教室での授業時間に関する国・地域の予測は、事例に基づき推測されたデータを反映している場合がある。
出典：Education 2030 International Comparative Review of Physical Education questionnaire (2018), Curr.2.6.

- **スイス**では、ISCED 1の体育は地域施設で行うのが一般的である（スイスには
  ISCED 2の体育のためのナショナルカリキュラムはない）。
- 学校施設は通常、課外活動にも利用できると回答したのは、**オーストラリア、カ
  ザフスタン、スコットランド［イギリス］**のみである。

第7節 ▎ 体育におけるアセスメントポリシーと実践

目的別のアセスメントアプローチ

　参加国・地域は、アセスメント（評価）の利用について様々なアプローチを
報告しており、それらは大きく3つに分類される。

- **学習の評価（Assessment of learning）または総括的評価**は、通常、単元の終
  了時に生徒の学習を評価し、成績として示される。国・地域によって、体育・
  保健教育の成績は様々な利用のされ方をしている。例えば、ノルウェーは体
  育・保健教育の成績を高等教育への進学のための外部資格（external
  qualifications）に利用しているが、他の国では学校内でのみ利用している
  （**オーストラリア、イングランド［イギリス］、エストニア、韓国、ルクセンブル
  ク、オンタリオ州［カナダ］、ロシア、ウェールズ［イギリス］**）。
- **学習のための評価（Assessment for learning）または形成的評価**は、生徒の学
  習を観察し、継続的なフィードバックを提供するもので、教師は指導の改善
  に、生徒は学習の改善に利用することができる。一般的に形成的評価は、生徒
  がコンピテンシーを習得するために活用される。これらの評価は通常、コンピ
  テンシーベースのカリキュラムと並行して実施され、形成的評価、自己調整、
  メタ認知を活用して、生徒が期待される成果の方向へ進むのを支援する。
- **学習としての評価（Assessment as learning）**は、生徒が自分自身のパフォー
  マンスを評価する際に行われる。このアプローチでは、生徒は自分自身の学習

を観察し、自問をし、自分が何を知っているか、そして学習を発展させるためにこの評価をどのように使うことができるかを振り返る。

　評価への様々なアプローチに関する文献によれば、重点がティーチングから生徒のラーニングへとシフトしている。近年の体育・保健教育の文脈では、体力テストや生徒の取り組みをランク付けするような主観的評価基準（Subjective assessment criteria）を含めて、従来の評価の仕方を再設計する議論がなされている。その中でロペス＝パストール（López-Pastor, 2013）は、「新しい情報、事前の知識、関連スキルの適用を通じて、生徒が現実的な問題を積極的に解決する」手段を提案している。

　新しい学習目標が体育・保健教育のカリキュラムに組み込まれる際に、矛盾したメッセージの伝達を避けるために、評価もそれに応じて変化させる必要がある。つまり、基準ベースや目標志向の考え方がカリキュラムに取り入れられると、評価の仕方は、多くの国で報告されているような身体活動や競技会、スポーツテストといったことにとどまらない可能性がある。その結果、体育・保健教育における生徒の学習、特に生徒の社会的、感情的、個人的なコンピテンシーに関して、有意義で強固なクラスルームレベルの評価を開発することが、いくつかの国・地域で研究と改革の優先事項として認識されている（López-Pastor, 2013）。そのためには、パフォーマンスを評価する基準とセットにして、学習の種類に応じた明確かつ具体的な図、記述、例を示すことが大切になる（OECD, 2017）。

評価方法

　また、各国は評価のために異なる方法を採用している。ほとんどの国・地域では、以下のような組み合わせが採用されている。

● **教師による評価－成績と点数**：参加国・地域の半数以上（61％）が、体育で生

徒に成績と点数をつけている。**日本**、**韓国**、**ロシア**では、成績と点数が体育における生徒の評価の唯一の形態である。**チリ**だけが体育の２段階評価（合格か不合格かの判定）に重点を置いているが、**トルコ**はこの２段階評価に加えて、他の評価でも補完している。**ロシア**は生徒の身体パフォーマンスを重視しており、２（最低）から５（最高）までの尺度で評価する（教師による評価）。理論的には、他の科目と同様に、これらの評価で低い結果を出し、体育・保健教育に合格できなかった場合、それ以上の学習ができなくなる可能性がある。ただし、こうした対応の仕方は一般的ではない。

● **自己評価**：従来の教師主導による実践を補完するものとして、学習手段としての自己評価を位置付け、それに向けて生徒にエージェンシーを預けることが多くの国でなされている（**オーストラリア**、**香港［中国］**、**ノルウェー**、**オンタリオ州［カナダ］**、**ポルトガル**、**スコットランド［イギリス］**、**スイス**、**トルコ**）。

● **教師による評価－レベル別の記述評価または規準準拠評価（Level descriptions or norm-referenced assessment）**：６か国・地域（33％）が、教師による生徒の到達度を評価していると報告している。**ウェールズ［イギリス］**の場合、こうした評価を採用している。例えば、ISCED１では、評定を用いてはいない。ナショナルカリキュラムにおいて、３つのレベル（ブロンズ、シルバー、ゴールド）と、それに続く６つのレベルを定めており、各レベルには指針があり、基礎段階の終了時の成果を示す指針もある。この成果を示す指針は記述的であり、教師が基礎段階の４年間の最後に生徒の身体的発達を評価できるようにするためのものでもある。そのガイダンス資料には生徒の評価を支援するようなものがあり、レベル別の記述ができるようにしており、例えば、「ベストフィット（最適な状態）」についての説明がある。生徒の大半は、基礎段階を終えた時点（約７歳）で、レベル４～５に達していると考えられる。**スコットランド［イギリス］**には、３歳から15歳までに学習者が「知っている」べきこと、「できる」ことを定めたベンチマークがある。

● **相互評価**：自己評価と同様に、評価を学習のための手段とすることを目的として、相互評価においても評価のエージェンシーを生徒に移している。自己評価

図2.4　体育で生徒のパフォーマンスを評価するために教師が利用している評価システム

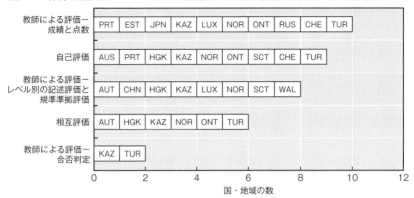

国・地域名：AUSオーストラリア；CHEスイス；CHN中国；ENGイングランド［イギリス］；ESTエストニア；HGK香港［中国］；JPN日本；KAZカザフスタン；ONTオンタリオ；LUXルクセンブルク；NORノルウェー；PRTポルトガル；RUSロシア；SCTスコットランド［イギリス］；TURトルコ；WALウェールズ［イギリス］

注：イングランド［イギリス］では、評価は学校単位で決定される。ルクセンブルクでは、成績と点数のガイドラインはISCED 2 にのみ適用される。ポルトガルでは、総括的評価と自己評価がISCED 2のみに適用される。スコットランド［イギリス］では、形成的評価のみを使用していると報告されている。

出典：Education 2030 International Comparative Review of Physical Education questionnaire (2018). Curr. 2.12.

に従事していると報告したすべての国・地域（**ポルトガル**と**スイス**を除く）は、相互評価も利用している。

第8節　体育の人材育成、資格、教員支援

　教員や学校スタッフが体育・保健教育についてどの程度知っているか、すなわち、適切で最新の内容を取り入れた体育・保健教育カリキュラムを開発・実施できるかは、本調査のすべての国・地域にとって重要なことである。

体育の人材育成と資格

　ISCEDの各レベルにおいて特定の教科を教えるために必要となる基礎資格

や養成は、資格を得るためにどれくらいの期間学び、どのような養成を経たか
が重要である。なお、ここでは、上級レベルの免許や継続的な専門研修は含ま
れていない。

　すべての参加国・地域における制度では、ISCED 1 と ISCED 2 で体育・保
健教育を教えるための基礎資格のレベルを定めている（表2.6）。ただし、その
資格のレベルは国・地域によって異なる。

表2.6　体育教師になるために最低限必要な資格（ISCED 2011）

必要な教員資格	国・地域
ISCED 3（後期中等教育）	チリ
ISCED 4（中等後非高等教育）	ロシア
ISCED 6（学士）	オーストラリア、中国、イギリス（ISCED 1）、香港［中国］、カザフスタン、韓国、ルクセンブルク（ISCED 1）、オンタリオ州［カナダ］、ポルトガル（ISCED 1）、スコットランド［イギリス］、スイス、ウェールズ［イギリス］
ISCED 7（修士）	イングランド［イギリス］（ISCED 2）、エストニア、ルクセンブルク（ISCED 2）、ノルウェー、ポルトガル（ISCED 2）、スイス（ISCED 2）

出典：Education 2030 International Comparative Review of Physical Education questionnaire（2018）. Curr.2.14.

● 教師は通常、ISCED 1 と ISCED 2 の科目を教えるために、学士号または同等
　の学位（ISCED 6）を必要とする。
● 国・地域によっては、ISCED 2 の教員に ISCED 1 の教員よりも高い水準の資
　格を要求している。例えば、**イングランド［イギリス］、ルクセンブルク、ポルト
　ガル、スイス**は、ISCED 2 の教員に修士号（ISCED 7）、ISCED 1 の教員に学
　士号（ISCED 6）を要求している。
● **エストニアとノルウェー**は、最低限求められる資格水準が最も高く、すべての体
　育教師（ISCED 1 と ISCED 2）に修士号（ISCED 7）の取得を義務付けてい
　る。**ノルウェー**は、2020年以降に施行される予定である。
● **チリとロシア**は、参加国・地域の中で求められる資格の水準が低く、それぞ
　れ、後期中等教育（ISCED 3）と中等後非高等教育（ISCED 4）の資格を要求
　している。

　このコンテキストでは、有能な教師の養成が課題としてしばしば報告されている。特に、保健教育が新しいコンセプトとしてカリキュラムに組み込まれるにつれ、国・地域によって、十分な資格を持った教師の確保と維持が難しくなっていると報告されている。そこで繰り返し指摘されるのは、次の3点である。

- 教科専門の教師であれ全科を教える教師であれ、体育を教える教師は、カリキュラムモデル（保健体育と体育を組み合わせた科目、または別々の科目）に関係なく、一般的に保健教育を教えることも期待されている。保健教育は新しい科目であり、また、体育と組み合わされない限り、多くの制度では必須にはなっていないため、保健を専門とする教師は極めてまれである。
- ISCED 1で体育と保健を教える教師は、全科を教える教師、すなわち体育・保健教育の専門資格を持たない教師が多い傾向にある。その結果、特にISCED 1の体育・保健教育の教科専門の教師の不足が懸念されている（**オーストラリア、ルクセンブルク、ノルウェー**）。
- また、国・地域によっては、学校や地方教育機関が教員資格を持たないコーチや体育指導者を雇い体育を教えるようにしている例も報告されている（**中国、ルクセンブルク、ウェールズ［イギリス］**）。

教師の自律性を支援するカリキュラム・リソース

　教師は通常、体育・保健教育の授業のデザイン、スコープ、シーケンス、指導方略、生徒の評価について、専門的な判断で意思決定を行う。この点を踏まえ、政策で重要なことは、カリキュラムの開発と実施に関する自律性を高めることによって、教師がエージェンシーを発揮する機会をどの程度与えられるかである。

　学校及び／又は組織においてカリキュラムの実施にあたって、多様な支援とリソースがある。これらのカリキュラム・リソースには、例えば以下のものがある。

- 学校および教育委員会、地区／地域、州／地方当局、中央当局／部局など、学校組織の様々なレベルを対象とした実施指針
- 教師向けの指導指針（授業計画、年間計画、評価指針など）
- 教師が教科／学習領域における生徒のパフォーマンスと進歩を評価するための達成基準

実施、指導、生徒の評価のためのカリキュラム・リソースの内容や広がり・範囲は、国・地域によって異なる（図2.5）。

図2.5　体育・保健教育のカリキュラムに提供される実施・指導指針

体育のカリキュラムは、実施に向けて何らかの指針を提供しているか？ カリキュラムには、学校でどのように体育を教えるべきか（教師のための指針）が明記されているか？

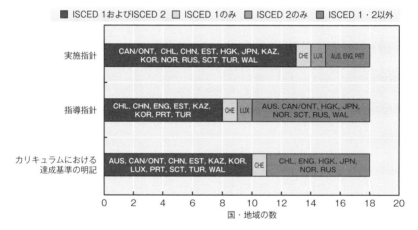

国・地域名：AUS オーストラリア；ONT オンタリオ州［カナダ］；CHE スイス；CHL チリ；CHN 中国；ENG イングランド［イギリス］；EST エストニア；HGK 香港［中国］；JPN 日本；KAZ カザフスタン；KOR 韓国；LUX ルクセンブルク；NOR ノルウェー；ONT オンタリオ州［カナダ］；PRT ポルトガル；RUS ロシア；SCT スコットランド［イギリス］；TUR トルコ；WAL ウェールズ［イギリス］
出典：Education 2030 International Comparative Review of Physical Education questionnaire (2018), Curr. 2.4, 2.5 School and teacher autonomy.

- 参加国・地域の大半（83%）は、何らかの形で実施指針を持っている（**スイス**は ISCED 1のみ、**ルクセンブルク**は ISCED 2のみ）。
- 参加国・地域の半数強（55%）は、学校での教科の教え方、すなわち教師向け

の指導指針を規定している（**スイス**はISCED 1のみ、**ルクセンブルク**はISCED 2のみ）。

- 3分の2（67％）の国・地域は、体育のカリキュラムにおいて、教師が体育と保健教育における生徒のパフォーマンスを判断するための達成基準を明記している（**スイス**はISCED 1のみ）。達成基準は、アチーブメント・スタンダードまたはスタンダード（**オーストラリア**）、ラーニング・アウトカム（**エストニア、カザフスタン**）、ラーニング・ゴール（**ポルトガル**）、レベル・ディスクリプション（**ウェールズ［イギリス］**）と呼ばれている。

　カリキュラムに指導指針が含まれている国・地域は、例えば、生徒の目標や知識に関する一般的または規範的な推奨事項（**中国、エストニア**）、指導方略、ベストプラクティス、評価基準を含む教科の計画（**カザフスタン**）、教育学的な考え方（**ルクセンブルク**）、実施／指導指針（**トルコ**）、男子生徒と女子生徒の指導に関する要件（**エストニア**）などを記載している。

　この場合、指導指針が記載されていたとしても、必ずしも教師の自律性や専門的な判断が妨げられるわけではない。例えば**エストニア**では、カリキュラムの中に、必須としているトピックやコンテンツ、また指導指針を規定しているが、教師は体育のカリキュラムの20 〜 25％について自律性を保持している。また、別の例として、カリキュラムの文書や資料が、体育の学習や指導のための緩やかな原則を提供しているだけで、厳密に教師の指導指針になっているわけではない場合もある（**香港［中国］**）。

第9節　生徒の安全確保に関する方針

学校内の生徒の安全

　体育・保健教育、特に身体活動に関しては、生徒の安全が常に考慮されてい

なければ、様々なリスクが付きまとう。参加した国・地域は、体育の授業や課外活動、スポーツ中に発生する生徒の怪我や、場合によっては死亡事故について懸念を示している。特に、体育で競技スポーツに力を入れている国（**イングランド［イギリス］、ロシア**）では、怪我が生徒のモチベーションや参加意欲、学習効果に影響を与えるとの報告がある。

このことは、文献でもよく紹介されている。カーク（Kirk, 2009）によれば、体育・保健教育は、軍事訓練、競技スポーツ、運動生理学の影響を受けた歴史的な文脈を背景に、依然として生徒を身体的リスクにさらす可能性があると報告している。これらの身体的リスクに対応しないとすれば、生徒の健康や、体育・保健教育へのモチベーション、参加、学習成果といった他の側面に影響を与える可能性がある。生徒の安全を確保するために、国や地域が実施している、または検討している取り組みには、以下のようなものがある。

- 現職教員研修プログラムを改善する。特に有資格の教師がおらず教師でない者が体育・保健教育を担当できる国においてである（**中国、ルクセンブルク、ウェールズ［イギリス］**）。
- 遊び場や体育館の設置基準を確立する。**エストニア**では、既存の校庭の多くが屋外活動に適していないため、身体活動に適した校庭施設を開発するために、スポーツ科学・理学療法研究所とエストニア建築家協会との共同プロジェクトを行っている。

ロシアでは、モスクワの学校で、生徒の怪我の数に関連した教師の業績評価指標を設けることで、こうした問題に対応している。

教室外での生徒の安全

最近の研究によると、溺死や転倒といった怪我に関連する項目が、学校外の5～15歳の子供や若者の死因として増えている（World Health Organization,

2015）。同様に、子供に対する暴力などの問題も、学校内外の生徒の健康を害する脅威として増えてきている。学校外での生徒の安全を促進するために、いくつかの国・地域では、体育・保健教育の中に革新的な内容を盛り込んでいる。

- 精神障害、特にうつ病とアルコール依存症の早期発見と効果的な治療の確保（**オンタリオ州［カナダ］**）。
- 子供に対する暴力を最小限に抑えるための情報の提供。**オンタリオ州［カナダ］**のカリキュラムでは、同意することの意味、セクスティングの危険性を含むオンラインの安全性、健康的な食事、メンタルヘルス、脳震盪といったテーマについて生徒たちに情報を提供している。
- 各国（**オーストラリア**、**韓国**、**ノルウェー**、**ポルトガル**）で特に注目されている、水泳、水上安全、安全な救助の推進。例えば、10歳の生徒の50%は泳げず、ライフセービングもできないという懸念が報道されたことにより、**ノルウェー**は2017年に「スイムパッケージ」という水泳と水の安全に関する新しいカリキュラムをスタートさせた。これは、教育研究省、高等教育の専門家、体育・保健教育の教師、スイミングクラブ、その他教育以外の関係者が参加した共同イニシアティブであった。同様に、**ポルトガル**では、体育・保健教育のカリキュラムの下に、初等教育における水の能力と安全性の必須プログラムを盛り込み、複数の非政府機関による働きかけが行われた。

参考文献・資料

Kirk, D.（2009）, *Physical Education Futures*, Routledge, London, https://doi.org/10.4324/9780203874622.

OECD（2017）, *PISA 2015 Results（Volume III）: Students' Well-Being*, OECD Publishing, Paris, https://doi.org/10.1787/9789264273856-en.

OECD（2016）, *Education at a Glance 2016: OECD Indicators*, OECD Publishing, Paris, https://doi.org/10.1787/eag-2016-en.（『図表でみる教育OECDインディケー

タ（2016年版）』経済協力開発機構（OECD）編著、徳永優子［ほか］訳、明石書店、2016年）

López-Pastor, V.M. et al. (2013), "Alternative assessment in physical education: A review of international literature", *Sport, Education and Society*, 18(1), 57-76.

World Health Organization (2015), *Injuries and violence: The facts 2014*, WHO, Geneva, http://apps.who.int/iris/bitstream/10665/149798/1/9789241508018_eng.pdf?ua=1&ua=1&ua=1.

World Health Organization (2008), *School Policy Framework: Implementation of the WHO Global Strategy on Diet, Physical Activity and Health*, WHO, Geneva, https://apps.who.int/iris/handle/10665/43923.

第 **3** 章

体育・保健教育の
教育目標とその重要性

　本章では、体育、身体活動、生徒の発達の成果（身体的、社会的、認知的、心理的・情意的、ライフスタイルと健康）との関係に関するリサーチ・エビデンスについて検討をしていく。また、本章の最後にエビデンスにおける大きなギャップを明示し、このカリキュラム分野の理解をさらに深めるため、研究すべき分野を提案する。

はじめに

　健康な心と身体は、生徒が明日の世界を航海するのに必要な能力を養うための構成要素となり、OECDラーニングコンパス2030の中核的な基礎となっている（OECD, 2018）。こうしたことから、体育・保健教育（PE/HE）は、子供のウェルビーイングのニーズを促進する上で学校全体のアプローチの中核要素と考えられている。その効果は体力にとどまらず、生徒の現在および将来の精神的健康を形成し、認知的・社会的な成果にも影響を与える可能性がある。

第1節 ┃ 体育・保健教育のカリキュラムの広範な目標

　体育・保健教育のカリキュラムで一般的に設定されている主な目標や生徒の期待される成果には、参加国・地域が挙げた頻度の高い順に、以下のようなものがある（図3.1）。

- 身体的成果と身体的健康（18/18）
- 心理的・情意的成果および精神的健康（16/18、エストニアとロシアを除く）
- 社会的成果（16/18、オンタリオ（カナダ）、ロシアを除く）
- 認知的成果（15/18、香港 [中国]、ロシア、トルコを除く）
- ライフスタイルの成果（18/18）

　本章で検討するように、既存の研究によれば、体育がこれらの成果のいくつかに影響を与えることが示唆されている。

図3.1　参加国・地域の体育・保健教育ナショナルカリキュラムの主な目標

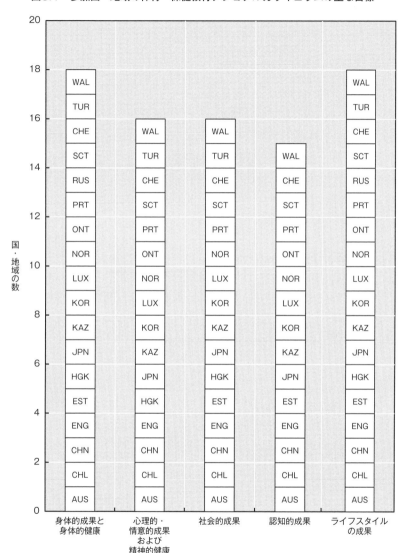

国・地域名：AUSオーストラリア；CHEスイス；CHLチリ；CHN中国；ENGイングランド［イギリス］；ESTエストニア；
HGK香港［中国］；JPN日本；KAZカザフスタン；KOR韓国；LUXルクセンブルク；NORノルウェー；ONTオンタリオ；
PRTポルトガル；RUSロシア；SCTスコットランド［イギリス］；TURトルコ；WALウェールズ［イギリス］
出典：Education 2030 International Comparative Review of Physical Education questionnaire（2018）.

第2節 | 身体的成果と身体的健康

　世界中の過体重または肥満の子供や青年の数は、過去数十年の間に、特に先進国で増加している（Lobstein et al., 2014）。より広く言えば、歴史的に生活習慣病として分類されてきた非伝染性疾患は子供や若年成人の間で増加しており、特に厄介である（Van Buren and Tibbs, 2014）。多くの国では、座位での活動の増加が懸念されている（Bauman et al., 2012）

　この現象を抑えるために、世界保健機関（WHO）は、5歳から17歳の子供たちが、身体活動に関連するポジティブな成果を最大化するために、毎日少なくとも60分の中強度から高強度な身体活動[5]を行うことを推奨している（WHO, 2015）。しかし、計画的な身体活動への参加は一般的に減少しており、学校体育への参加は1993年から2013年にかけて減少しているという調査結果がある（Bassett et al., 2015; Booth, Rowlands and Dollman, 2015）。

　学校は、子供たちが活動的なライフスタイルを身に付けるための役割を果たし、子供たちが毎週到達する全体的な身体活動レベルに貢献することができる。なぜなら、学校は人生の最初の20年間、あらゆる単一の機関の中で最も継続的かつ集中的に子供たちに関わるからである（Story, Kaphingst and French, 2006）。体育はまた、生涯にわたって健康的な生活を楽しむための情報、スキル、ツールを生徒に提供することができる。OECD Future of Education and Skills 2030では、2030年に向けて「身体的リテラシー」を定義している。身体的リテラシーの範囲自体は、身体的活動に焦点を当てて定義されているが、リテラシーの意図する成果は、健康で活動的な生活という広範なものである[6]。

---

5. 中強度の身体活動とは、心拍数があがり、汗をかく程度の運動を指す。高強度の身体活動とは、呼吸が苦しく、速くなり、心拍数が急速に上昇する程度の運動を指す（Centers for Disease Control and Prevention, 2017）。

体育によって向上させることができる身体的成果や身体的健康に対する効果について、研究結果が示していること

学校の中でも、外でも、そして卒業後も、もっと「体を動かす」ようになること

　研究によると、子供たちは学校で体育の授業に参加した日は、参加しない日に比べて身体活動が活発であることが分かっている（Meyer et al., 2013）。したがって、体育が身体的成果に与える主な影響のひとつとして身体活動の増加がある。

　休み時間をはじめとして、生徒は日中の様々な機会に身体活動を行うことができる。しかし、体育の授業は、生徒が資格のある指導者のもと、定期的に、一定の強度で、計画的に身体活動を実践する数少ない機会である。このような背景から、生徒の身体活動を促進するための体育の役割は、特に重要であると思われる。例えば、15歳の生徒の男子5.7％、女子7.5％にとって、学校は毎週身体活動を行う唯一の場所である（OECD, 2017）（図3.3）。したがって、体育のカリキュラムは、資格のある専門的な指導者によって生徒の安全を確保しながら、身体的成果の最適な発達を保証することができる。

　生徒の学習到達度調査（以下、PISA）2015年調査に参加している大多数の国や地域では、ほとんどの15歳の生徒が週に少なくとも1日の体育の授業に参加している（OECD, 2017）（図3.2)。OECD加盟国では、学校で少なくとも2日の体育の授業に参加している生徒は、体育の授業を受けていない生徒よりも平均して週当たり約0.5日多く適度な運動をしている。いくつかの国では、この2つのグループの差は、週1日またはそれ以上であった。

　PISA2015年調査では、学校で体育の授業を受けている生徒は、学校外での

6.　カリキュラム別比較分析「カリキュラム・コンテンツ・マッピング」において、「身体的リテラシー」のある生徒とは、健康で活動的な生活のための身体的、心理的、認知的、社会的能力を統合する知識、スキル、態度（動機を含む）を持っている」と定義されている。これには、フィットネスと運動のスキルの習得、運動に対する前向きな姿勢、動きのある活動を行う方法と理由の理解が含まれる。

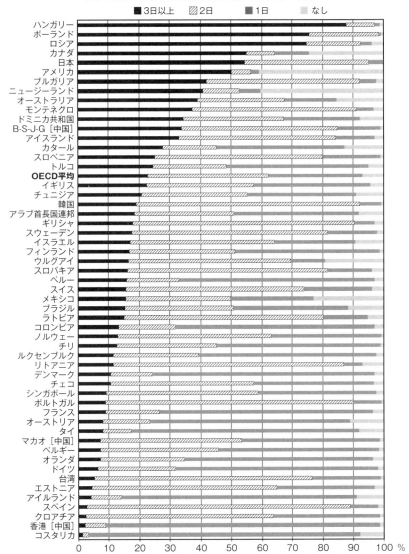

図3.2　学校での体育の授業（PISA2015年調査）

体育の授業に参加したと回答した生徒の週当たりの日数

■3日以上　▨2日　■1日　▧なし

（縦軸、上から）
ハンガリー
ポーランド
ロシア
カナダ
日本
アメリカ
ブルガリア
ニュージーランド
オーストラリア
モンテネグロ
ドミニカ共和国
B-S-J-G［中国］
アイスランド
カタール
スロベニア
トルコ
OECD平均
イギリス
チュニジア
韓国
アラブ首長国連邦
ギリシャ
スウェーデン
イスラエル
フィンランド
ウルグアイ
スロバキア
ペルー
スイス
メキシコ
ブラジル
ラトビア
コロンビア
ノルウェー
チリ
ルクセンブルク
リトアニア
デンマーク
チェコ
シンガポール
ポルトガル
フランス
オーストリア
タイ
マカオ［中国］
ベルギー
オランダ
ドイツ
台湾
エストニア
アイルランド
スペイン
クロアチア
香港［中国］
コスタリカ

（横軸）0　10　20　30　40　50　60　70　80　90　100 ％

注：B-S-J-Gは、北京・上海・江蘇・浙江の略記である。
出典：OECD, *PISA 2015 Database*, Table III.11.1

図3.3　学校以外では活発または中程度の運動を実践していないと回答した生徒の割合

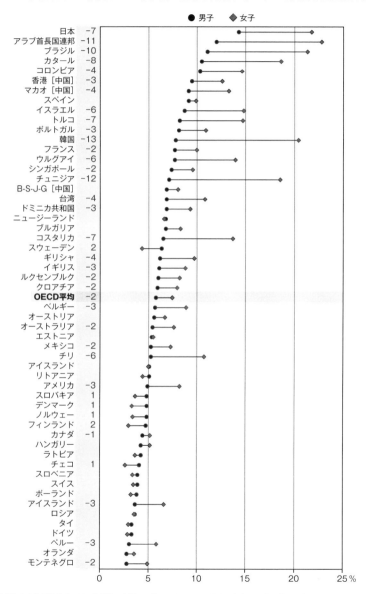

注：統計的に有意な男女差は、国・地域名の右横に記載。B-S-J-Gは、北京・上海・江蘇・浙江の略記である。
出典：OECD, *PISA 2015 Database*, Table III.11.10.

図3.4 身体活動、学校内外での活動（PISA2015年調査）

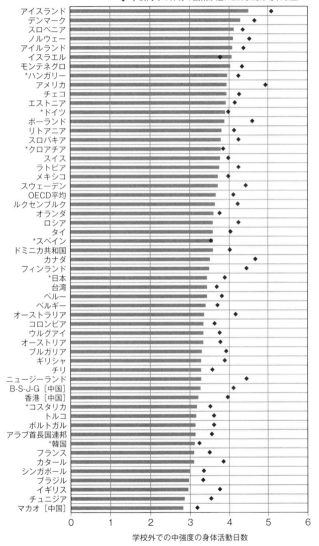

学校外での中強度の身体活動日数

注：統計的に有意でない中強度の身体活動日数の差は、国・地域名にアスタリスクで表示した。B-S-J-Gは、北京・上海・江蘇・浙江の略記である。
出典：OECD, *PISA 2015 Database*, Table III.11.17.

活動量が有意に多いことが明らかになった（OECD, 2017）（図3.4）。これは、学校で身体活動に参加することが、スポーツをより価値付けること（Cook and Kohl, 2013）や、幼少期とその後の人生において学校外で身体活動を行うことと関連することを示す先行研究の成果を裏付けるものである（Okely, Booth and Patterson, 2001）。したがって、身体活動への参加（すなわち身体活動に関連するフィットネスと健康上の利点）が思春期に減少するといったエビデンスが増えるようであれば、身体活動を推進する学校の役割がさらに正当化されることになる（Duncan et al., 2007; OECD, 2017）。体育がもたらす影響は、学齢期を過ぎても及んでいく可能性がある。

非伝染性疾患の減少

　子供や若者に対する身体活動の効果は、研究の中で十分に立証されている。身体活動に定期的に取り組むことは、全体的な代謝や身体的健康とウェルビーイングを支え、より高いレベルのフィットネスの基礎を提供することができる（Dietz, 1998; Roblin, 2007; WHO, 2016）。

　身体活動が循環器系、代謝系、筋骨格系の健康的成果に及ぼすプラスの効果を支持する確固たるエビデンスが存在する（Felez-Nobrega et al., 2017; WHO, 2008）。また、身体活動を行わないことによる有害な影響も示されている。不十分な身体活動は、循環器系疾患、慢性呼吸器疾患、がん、糖尿病など、子供、若者、成人の非伝染性疾患に関連する4つの主要なリスク要因のひとつであることが分かっている（Granger, 2017）。

不利な立場にある生徒や女子に対するより良い公正性

　学校外での中程度または活発な身体活動を行わないと回答した不利な立場にある生徒の割合は、行うと回答した有利な立場にある学生の割合よりも4.5ポイント高い（OECD, 2017）。これらの生徒の多くにとって、体育は、有資格者の指導の下で体系的な身体活動を行う唯一の機会となっている。

　体育の授業は、身体活動への取り組みにおける不平等を解消するのに役立つ

が、その恩恵が自ずとすべての人に行き渡るとは考えにくい。観察研究によれば、例えば、体育の授業で中強度から高強度の身体活動を行う際に、女子と男子の間に差があるということが繰り返し指摘されている。男子は、女子よりも中強度から高強度な身体活動に関与しており、身体活動の頻度が多いことが示されている（Froberg et al., 2017; McKenzie et al., 2006; Smith, Lounsbery and McKenzie, 2014; Viciana et al., 2017; Webber et al., 2008）。

　こうした点を踏まえ、体育カリキュラムにおいてはどのような活動を選択するかが包摂性を推進する上で重要であると研究では示されている。例えば、男女の参加率に最も大きな差があると報告しているのは球技を扱っている研究にみられている。球技は体育カリキュラムで最も一般的であるとすれば、これらの研究成果は体育におけるジェンダー平等と包摂性といった課題を残しているといえる（Froberg et al., 2017; Viciana et al., 2017）。

国・地域は、これらの成果をカリキュラムの主要な目標としているのか？

　カリキュラムで扱われる「身体的成果」の種類や範囲は様々である。最も多いのは、基本的な運動技能の促進（100%）であり、次いで、身体的ウェルビーイングと健康（94%）、スポーツの実践（78%）、遊びの時間（72%）、持久力[7]（67%）である（図3.5）。

　身体的成果は、他の成果と比較して、各国とも幅広くカバーされている。注目すべきは、各国の回答で「遊びの時間」が他の身体的成果とともに含まれていることである。このことは、政策立案者が体育・保健教育の授業の中で一定の「（身体的）遊びの時間」を確保する点を重視している、ということを示唆している。ただし、体育・保健教育の時間以外に目を向けてみると、必ずしもそうとは言えない。OECD Education 2030プロジェクトの生徒代表グループが報告したように、多くの場所において学校レベルで昼食時間や休み時間が短

---

7. 疲労を伴って長時間に渡り身体活動を続けることができる能力のこと。

図3.5　参加国・地域の体育が明示的に促進する身体的成果の種類

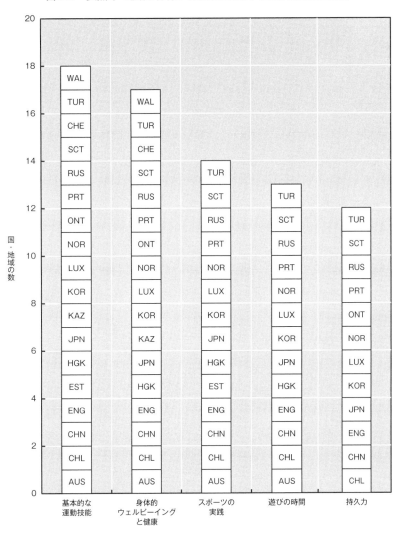

国・地域名：AUSオーストラリア；CHEスイス；CHLチリ；CHN中国；ENGイングランド［イギリス］；ESTエストニア；
HGK香港［中国］；JPN日本；KAZカザフスタン；KOR韓国；LUXルクセンブルク；NORノルウェー；ONTオンタリオ州
［カナダ］；PRTポルトガル；RUSロシア；SCTスコットランド［イギリス］；TURトルコ；WALウェールズ［イギリス］
注：オーストラリアでは、ISCED 1のみ「基本的な運動技能」と「遊びの時間」を報告し、ISCED 2を含む3年生以降は「ス
ポーツの実践」を報告している。エストニアでは、「基本的な運動技能」が体育のカリキュラム改訂の焦点となる予定である。
出典：Education 2030 International Comparative Review of Physical Education questionnaire (2018).
Curr. 1.4a. A.

縮されている傾向が見られる。

第3節 ┃ 心理的・情意的な成果とメンタルヘルス

　心理的ウェルビーイングとは、生徒の総合的な生きがいや満足感、自己認識、感情の状態、そして逆境に直面したときの幅広い感情の強さやレジリエンスのことを指す。自尊心、モチベーション、レジリエンス、自己効力感、希望、楽観主義などは、心理的ウェルビーイングに影響を与える重要な成果の一部である。一方、ストレス、抑うつ、歪んだ自己観などは、通常、心理的ウェルビーイングの阻害要因とみなされる。

　心の病気は、「先進国の子供や青年にとって最も重要な健康問題」(Suhrcke, Pillas and Selai, 2008) として認識されつつある。ここ数十年で世界中の子供や青少年の10％から20％が精神衛生上の問題に苦しんでいると推定され、不安や睡眠障害を経験したと報告する人も増えている (Patalay et al., 2016; Pez et al., 2013; OECD, 2017)。このような状況において、体育がどのように心理的成果を形成することができるかについて理解することは、重要であると思われる。

体育によって向上する心理的・情意的成果に関する研究結果について

ストレスに対抗する媒介因子としての自尊心、自己効力感、レジリエンスの強化

　従来、体育に関する研究の多くが焦点を当ててきた身体活動を特に見てみると、自尊心、自己効力感、レジリエンスとのポジティブな関連性が示されている (Haugen, Safvenbom and Ommundsen, 2011; McPhie and Rawana, 2015)。これらの成果は、ストレスと心理的適応の関係を媒介している、ということを意味しており、若者のウェルビーイングに重要な役割を果たすことになる (Haine et al., 2003)。例えば、自尊心が高い若者は、行動上の問題や対人関係

を処理する能力が高いだけでなく、行動上のレジリエンスも高く（Dumont and Provost, 1999）、うつ病のリスクも低い（Harper and Marshall, 1991; Baumeister et al., 2003; Rieger et al., 2016）。

適度な身体活動による高い生活満足度

PISA2015年調査では、身体活動と全体的な生活満足度の間に正の関連があることが明らかになった。週に3日以上運動している生徒は、学校外で運動していない生徒よりも生活満足度が高いと報告している（OECD, 2017）（図3.6）。

軽症から中等症の抑うつ症状および不安の発生の減少

メンタルヘルスのより深刻な状態に対して、体育は効果があるという明確なエビデンスが存在する。この分野のエビデンスのほとんどは身体活動に焦点を当てたものであるため、他の分野のエビデンスがさらに求められる。複数の研究が身体活動と軽症から中等症の抑うつ症状および不安の発生の減少との関連を報告している（Birkeland, Torsheim and Wold 2009; Doré et al., 2016; Jang, So and Choi, 2017; McPhie and Rawana, 2015; Moljord et al., 2014; Raudsepp and Neissaar, 2012; Stavrakakis et al., 2012; Taliaferro et al., 2008）。

うつ病は、一連の症状の包括的な総称である。スタヴラカキスら（Stavrakakis et al., 2012）は、情意的症状（affective symptoms）（抑うつ気分、喜びの喪失、自己価値の低下など）と心身の症状（somatic symptoms）（睡眠障害、摂食障害、気力の欠如など）を区別している。その結果、情意的症状と身体活動の間に統計的に有意な関係が認められたが、心身の症状と身体活動との間には関係がみられなかった。この理由は明らかとはなっていない。

チームスポーツによるメンタルヘルスの改善、絶望感の軽減、自殺願望の軽減

チームスポーツに参加している身体的に活発な若者は、個人スポーツを行っている人よりもメンタルヘルスが良好であると報告している（Farren et al., 2017）。チームの一員であることは、若者の抑うつ症状の軽減、ストレス認知

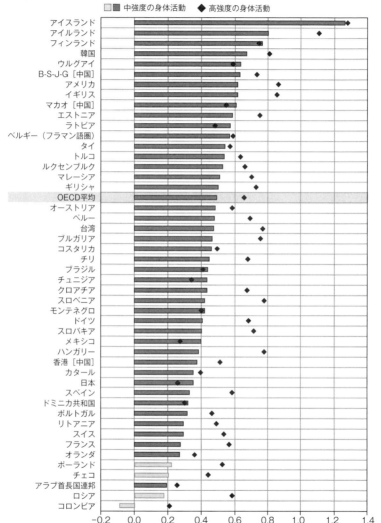

図3.6 身体活動と生徒の生活満足度（PISA2015年調査）

中強度から高強度の身体活動を週3日以上行っている生徒と、行っていない生徒との生活満足度平均の差
☐ 中強度の身体活動　◆ 高強度の身体活動

異なる強度の身体活動をしている学生と全く身体活動をしていない
学生の生活満足度の平均値の差異

注：高強度の身体活動を行った場合の生活満足度の差は、すべて統計的に有意である。中強度の身体活動に対する統計的に
有意な値は、濃色で表示されている。B-S-J-Gは、北京・上海・江蘇・浙江の略記である。
出典：OECD, *PISA 2015 Database*, Table III.11.16.

の低下、自己申告によるメンタルヘルスの向上と関連し（Jewett et al., 2014）、青年期における絶望感や自殺による死亡リスクに対して予防効果がある（Taliaferro et al., 2008）。また、身体活動全般は、青少年における絶望感や自殺願望を軽減すると示唆される（Jang, So and Choi, 2017; Taliaferro et al., 2008）。

国・地域は、これらの成果をカリキュラムの主要な目標としているか？

　国や地域によって、体育を通じた心理的・情意的成果は多様である（図3.7）。具体的に言えば、以下のような結果が得られている。

- 広い意味での心理的ウェルビーイングは、参加国・地域の体育カリキュラムの心理的・情意的成果として最も広く報告されており、13か国・地域（72%）で明確に推進されている。
- ほとんどの国が、さらに具体的な心理的成果を目標としているが、その選択は国によって体系化されているとは言えない。例えば、13か国・地域（72%）では、生徒が活動を楽しむことを明確に推進しており、これは保健体育の心理的・情意的成果の中で2番目に広く推進されているものである。自己決定と自己効力感の発達、困難に直面したときの粘り強さ、自信と自己調整の向上、運動有能感の認知は、それぞれ11か国・地域（61%）から報告されている。
- 一部の国・地域は、不安の軽減、ストレスの軽減、うつ病の軽減を促すなど、メンタルヘルスの状態を明確に対象としている（**中国**、**日本**、**ルクセンブルク**、**オンタリオ州［カナダ］**、**スコットランド［イギリス］**）。

第4節 ┃ 社会的成果

社会的スキルは、「個人間の効果的な対面コミュニケーションに不可欠な」

一連の行動を幅広く包含している（McGuire and Priestley, 1981）。例えば、協働性、他者との関係、教師や隣人への敬意を示す態度、社会不安の軽減、社会的機能、社会的相互作用と統合、フェアプレー、社会とのつながり、チームワークなどが含まれる。

これらの社会的スキルは、子供や若者が学校、クラブ、社会、家族、友人関係など、地域社会でうまく活動するための中核となる。社会的スキルの育成は、生徒の社会的ウェルビーイングを促進するために極めて重要である。社会的ウェルビーイングには、教師、友人、家族など学校内外の関係性の質、および学校内外の社会生活に対する生徒の感情が含まれる（Pollard and Lee, 2003）。社会的スキルは通常、信頼、共感、共同体意識、協働性など、様々な成果を通じて測定されている（Dyson and Casey, 2012）。

体育によって向上する社会的成果についての研究結果

社会的スキルを身に付けるための社会志向的活動

チームスポーツのような社会性を重視した身体活動は、社会的スキルの指導に適しているという研究結果がある。競争よりも協働的で、教師主導のアプローチよりも生徒を中心とした指導方法が、社会的スキルの発達を促し（Haugen, Safvenbom and Ommundsen, 2013; Macdonald-Wallis et al., 2011）、身体活動の社会的・相互的な性質は、向社会的スキルの促進に適している（Drewe, 2000）。

また、このような効果は長期にわたって持続すると思われる。いくつかの縦断的なエビデンスによれば、学校を基盤とした、芸術などの他の「向社会的」な活動と比べても、チームスポーツ、特に学校のチームへの参加は、その後の人生において、社会的孤立の度合いの低さを示している。この意味で、チームの一員であることの効果は重要であると思われる（Barber, Eccles and Stone, 2001）。

図3.7　参加国・地域の体育が明確に促進する心理的・情意的成果の種類

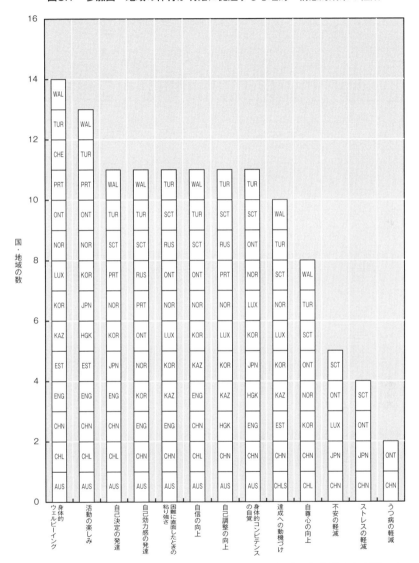

国・地域名：AUSオーストラリア；CHEスイス；CHLチリ；CHN中国；ENGイングランド［イギリス］；ESTエストニア；
HGK香港［中国］；JPN日本；KAZカザフスタン；KOR韓国；LUXルクセンブルク；NORノルウェー；ONTオンタリオ州
［カナダ］；PRTポルトガル；RUSロシア；SCTスコットランド［イギリス］；TURトルコ；WALウェールズ［イギリス］
出典：Education 2030 International Comparative Review of Physical Education questionnaire（2018），
Curr. 1.4c.

学校への肯定的な態度、仲間や教師とのつながり、チームづくり、責任感、信頼感、共感力の育成

　研究によると、体育は生徒が以下の点を学ぶ上で役立つとされている。

- 学校への肯定的な態度、他の生徒や教師との絆の深まり、チームワークを構築すること（Byrd and Ross, 1991; De la Haye et al., 2011; Macdonald-Wallis et al., 2011）。
- 信頼、チームワーク、責任感を形成し、誠実さなどのスポーツに適した行動を身に付けること（Gutiérrez and Vivó, 2005）。
- 適切な教育環境で指導された場合に限るが、子供たちの共感力と積極性（assertiveness）を高めること（García-López and Gutiérrez, 2015）。

　課外活動における身体活動でもその効果が見られている。シューマッハ・ディメックとセイラー（Schumacher Dimech and Seiler, 2011）は、課外活動としてのスポーツへの参加が社会不安に及ぼす影響を測定している。チームスポーツへの参加、個人スポーツへの参加、スポーツへの参加なしの3群を比較し、スポーツと時間には関係があることを明らかにしている。具体的には、チームスポーツ参加者は時間の経過とともに社会不安が減少し、スポーツなしと個人スポーツのグループでは不安スコアが増加することを明らかにしている。このことから、チームへの参加は社会不安に対する予防的因子であると考えられる。

社会的に恵まれず周縁化された人々の帰属意識の向上、エンパワーメント、主体性の向上

　研究によれば、体育は生徒の帰属意識や受容性を高め、友情を促進し、社会的に恵まれない集団に力を与える。また、体育は周縁化された人々がより大きな主体性と統制力を発揮できるように、統制力の位置付けを変化させると示唆している（Laker, 2000; Bailey, 2006）。2006年のレビューでは、よく計画され

た体育プログラムは、生徒間の社会的・経済的格差の解消など、社会的包摂の指標を示す要素を満たすことができると提言している（Bailey, 2006）。

学校に行かない、仲間はずれにされる、学業に不安を感じる、頻繁にいじめられるなどの傾向の低減

　PISA2015年調査のデータは、身体活動への参加が主要な社会的成果と関連していることも示している。生徒は、学校の勉強に対して感じる不安の程度、仲間や他の生徒との社会的関係の質、達成意欲において、国内でも国・地域の間でも大きな差がある。この研究では、身体的に活発な生徒は、課外での身体的活動を一切行わない生徒と比較して、多くの社会的成果において良好であることが示されている。例えば、学校に行かない、仲間はずれにされる、学業に非常に不安を感じる、頻繁にいじめの対象になるなどの傾向が少ない（OECD, 2017）（図3.8）。

図3.8　身体活動と社会的成果（PISA2015年調査）

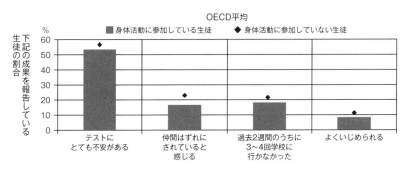

注：すべての国・地域の中で、いじめを受けた指数の上位10％に入る生徒は、頻繁にいじめを受けたと言える。
出典：OECD, *PISA 2015 Database*, Table III.11.18.

国や地域は、こうした成果をカリキュラムの主要な目標としているか？

　参加国・地域は、保健と体育カリキュラムにおいて、他のどの成果よりも幅広い社会的成果を明確に促進している（図3.9）。具体的に言えば、社会的成果

として、以下の3つのカテゴリーの態度や価値観が示されている。

- **対人関係における態度や価値観**（Interpersonal attitudes and values）は、参加国・地域の中で最も広く推進されている社会的成果の一種である。ルールの尊重、協働とチームスピリットは、体育カリキュラムで最も広く報告されており、それぞれ16か国・地域と15か国・地域（88％と83％）が明確に促進している。他者尊重は13か国・地域（72％）から、他者への配慮と社会的ウェルビーイングは11か国・地域（61％）からそれぞれ報告されている。向社会的行動の育成は10か国・地域から報告されている（55％）。グループの統合とインクルージョンは9か国・地域から報告されている（50％）。
- 他者と協働するために必要な**個人的な態度や価値観**（Intrapersonal attitudes and values）も広く奨励されているが、対人的な成果ほどではない。道徳的な理由付けと責任感の向上は、10か国・地域がそれぞれ促進している（55％）。信頼は8か国・地域（44％）が明確に促進している。
- **行動および／または学校への出席**といった一般的な面での改善は、他のタイプの社会的成果よりも平均してあまり促進されていないが、**チリ**や**中国**などの国は、一貫してこのタイプの成果を促進しようとしている。校則の遵守は4か国（22％）（**チリ**、**中国**、**ノルウェー**、**トルコ**）、規律問題の減少は5か国（28％）（**チリ**、**中国**、**韓国**、**ロシア**、**トルコ**）が推進している。反社会的行動の減少は7か国（**チリ**、**中国**、**韓国**、**ルクセンブルク**、**オンタリオ州［カナダ］**、**トルコ**、**スコットランド［イギリス］**）、学校に対する肯定的な態度は3か国（**チリ**、**中国**、**トルコ**）、出席率の向上は3か国（**チリ**、**中国**、**スコットランド［イギリス］**）が、それぞれ挙げている。

社会的成果を促すために、国・地域は一般的にゲームやスポーツを活用するが、健全な競争を促進するスポーツ（**イングランド［イギリス］**）、協調性やチームワークを促進するスポーツ（**韓国**）など、重視する内容は必ずしも同じとは言えない。

図3.9　参加国・地域の体育が明確にした社会的成果の種類

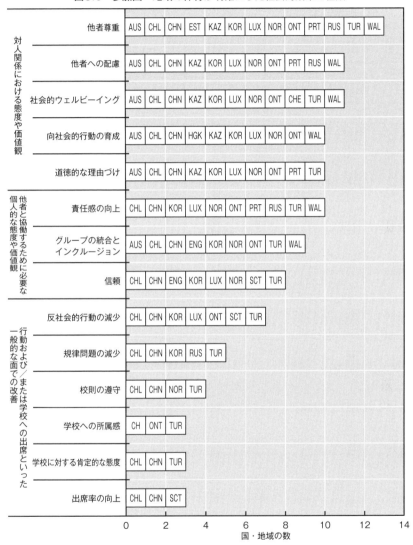

国・地域名：AUSオーストラリア；CHEスイス；CHLチリ；CHN中国；ENGイングランド［イギリス］；ESTエストニア；
HGK香港［中国］；JPN日本；KAZカザフスタン；KOR韓国；LUXルクセンブルク；NORノルウェー；ONTオンタリオ州
［カナダ］；PRTポルトガル；RUSロシア；SCTスコットランド［イギリス］；TURトルコ；WALウェールズ［イギリス］
出典：Education 2030 International Comparative Review of Physical Education questionnaire (2018),
Curr. 1.4e.

新たな傾向として、OECD加盟国・地域の多くは、体育において競技やスポーツと、競争性の低い他の活動とのバランスをとっており、よりインクルーシブなカリキュラムへの一般的な移行を示唆している。ゲームやスポーツと並んで、国の体育・保健教育カリキュラムは、一般的な運動技能や概念、ダンスやリズム運動、ハイキングやアイススケートなどのレクリエーション活動など、多様な非競争的活動をますます含むようになってきている。同じように、**ノルウェー**の学校では、スポーツや競技は体育からは分けられている。この傾向は、学校でのスポーツや体育から過度に競争的または軍隊的な影響を取り除くために、体育・保健教育のモデルの見直しを推奨している近年の文献に沿うものでもある（Kirk, 2009）。

　この傾向の例外としては、**イングランド［イギリス］**では、競技スポーツが国の体育カリキュラムの中心的な要素になりつつあることである。2011年、文化・メディア・スポーツ省は、障がいのある生徒を含むすべての小中学生に、学校間対抗、学校内対抗、フェスティバル、スクールゲーム大会などの競技スポーツへの参加を促すことを目的とした継続的な国家プログラム「スクールゲーム」を設立している。

　ウェールズ［イギリス］では、政府への教育権限の委譲に伴い、スポーツ主体のイングランド式カリキュラムから、健康・福祉、野外活動、サーカスのような創造的活動の3つの領域で競技活動を補完する、よりバランスのとれた体育カリキュラムへの移行が明示的かつ公式に制定された。

第5節 ┃ 認知的成果

　生徒の成績を向上させることは、ほとんどの教育システムにおいて重要な動機となっている。こうしたプレッシャーもあってか、教育制度の面から指導の時間を、体育から、国内で生徒のアセスメントをしている座学の教科、つまり読解力、科学、数学といった教科への移行をしていく誘惑に駆られるかもしれ

ない。ペレグリーニとボン（Pellegrini and Bohn, 2005）は、学業成績を向上させるための補習や多くの学習体験に参加するために、授業や休み時間を含む身体活動を控えている子供たちがいることを明らかにした。しかし、体育に費やす時間が教室での生徒の学習を妨げるという指摘を支持するエビデンスはほとんどない。

体育で高められる認知的成果についての研究結果

身体活動の時間の代わりに従来からの座学教科の時間を増やすことは、生徒の成績の向上を保証するわけではない

　50の研究のレビューによると、学校での体育の授業時間を増やし、他の教科の授業時間を相対的に減らすことは、学業成績に悪影響を与えず、ある状況下ではむしろ学業成績の向上が明らかになっている（Centers for Disease Control and Prevention, 2010）。実際、体育に割く時間が減ると、学業に悪影響を与える可能性がある。また、他の研究では、成績の低い生徒にとって、体育に充てる時間の代わりに、追加の宿題や勉強に置き換えてしまうと、かえって成績が悪くなる可能性があることが示唆されている（Zhang et al., 2015）。どちらの結果も、生徒の学習成果の向上には指導の量ではなく、指導の質が重要であることを示唆しており、身体活動は子供や青少年の認知発達を阻害するのではなく、むしろ向上させることを示している（Alvarez-Bueno et al., 2017a; Fedewa and Ahn, 2011; Jackson et al., 2016; Sibley and Etnier, 2003; Vazou et al., 2016; Watson et al., 2017）。

認知機能の向上（例：問題解決、創造性、自己認識、自己調整、目標設定と計画力、ワーキングメモリーなど）

　身体活動といくつかの認知的成果との関連性を裏付ける厳密なエビデンスがある。この中には、短期情報を記憶するために必要なワーキングメモリについての話題や、目の前のタスクやプロセスに無関係な刺激を制御する能力とされ

る抑制の話題が含まれている（Alvarez-Bueno et al., 2017a）。

　このエビデンスの中には、生徒が明日の世界を切り開くために育む必要のある問題解決、自己認識、目標設定、記憶、自己調整、計画力、創造性などの重要な成果もある（Alvarez-Bueno et al., 2017a; Singh et al., 2012; Biddle and Asare, 2011）。生徒のウェルビーイングに関わるこうした認知的側面は、生徒が今日の世界と社会に十分に参加するために、つまり生涯学習者、有能な同僚、参画する市民として必要な認知的基盤と機能を果たしている（OECD, 2017; 巻末付録Bも参照）。

認知的エンゲージメント（モチベーションや学習スキルなど）、感情的エンゲージメント（学習の楽しさなど）、行動的エンゲージメント（タスクに取り組む時間など）

　身体活動もまた、学校へのエンゲージメントと正の相関があることが分かっている。学校へのエンゲージメントは、生徒の学習への取り組み（モチベーションや学習スキルなど）を反映する認知的エンゲージメント、生徒の学校に対するポジティブな感情反応（学習の楽しさなど）を指す感情的エンゲージメント、学習活動への関与を反映する生徒の行動（タスクに取り組む時間など）を指す行動的エンゲージメントの3つの側面を含んでいる（Owen et al., 2016）。オーウェンら（Owen et al., 2016）による71,433人の子供や青年を対象とした38の研究のデータを用いたメタ分析では、身体活動が学校へのエンゲージメントの3つの側面すべてに統計的に有意な正の影響を及ぼすことが明らかになった。

　短期的な身体活動と定期的な身体活動は、どちらも学校へのエンゲージメントを高める可能性があるが、必ずしも同じ方法ではなく、短期的な身体活動は、その身体活動の直後の授業における生徒の学習へのエンゲージメントを高めることができ、一方、定期的な身体活動は、安定的、長期的に生徒の学校に対する行動的エンゲージメントを高めることにも貢献できることは興味深い（Alvarez-Bueno et al., 2017a, 2017b; Watson et al., 2017）。

教科体育を通して数学的スキルの向上の可能性

　身体活動に焦点を当てて行われたメタデータ分析では、身体活動、読解力、数学関連スキルの間の正のつながりを示す強いエビデンスを明らかにしている。しかし、語彙力などの言語能力との関連では、効果は認められなかった（Alvarez-Bueno et al., 2017a）。

　身体活動（PA）の導入がどのようにカリキュラムに組み込まれているかを見てみると、教科体育（PE）のプログラムと統合的な身体活動（PA）プログラムの両方から恩恵を受けているのは、数学の成績だけであった。読解力は教科体育（PE）プログラムからのみ恩恵を受けていた（Alvarez-Bueno et al., 2017a）。また研究によると、統合的な、あるいは課外の身体活動（PA）の導入は、数学の問題解決により適している可能性はあるが、教科体育（PE）授業は、他の科目に統合された身体活動（PA）や休み時間中の運動よりも、認知的成果を高める効果があると示唆している（Alvarez-Bueno et al., 2017a, 2017b）。

適切な頻度、クラスサイズ、クラス構成とすることによるさらなる効果

　生徒が身体活動を行う頻度は、認知的成果に影響を与える上で重要である。子供や青年が週に3回身体活動を行うことが、認知的成果と学業成績に最も大きな効果があり、次いで週2回、週1回の頻度で行うことに効果があることが明らかになっている（Fedewa and Ahn, 2011）。

　また、クラスサイズとクラスの多様性も関連している可能性がある。効果量は、介入群の生徒数が10人未満の時が最も大きく、次いで10〜30人、30人以上と続く。身体活動への介入効果の差は、男女の生徒に別々に実施した場合よりも、男女共習で実施した場合の方が大きい（Fedewa and Ahn, 2011）。

国・地域は、これらの成果をカリキュラムの主要な目標としているか？

　参加国・地域からの報告によれば、体育・保健教育カリキュラムの目標の中

85

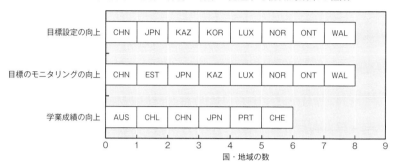

図3.10　参加国・地域の体育が明確に促進する認知的成果の種類

	0	1	2	3	4	5	6	7	8	9
目標設定の向上	CHN	JPN	KAZ	KOR	LUX	NOR	ONT	WAL		
目標のモニタリングの向上	CHN	EST	JPN	KAZ	LUX	NOR	ONT	WAL		
学業成績の向上	AUS	CHL	CHN	JPN	PRT	CHE				

国・地域の数

国・地域名：AUSオーストラリア；CHEスイス；CHLチリ；CHN中国；ENGイングランド［イギリス］；ESTエストニア；HGK香港［中国］；JPN日本；KAZカザフスタン；KOR韓国；LUXルクセンブルク；NORノルウェー；ONTオンタリオ州［カナダ］；PRTポルトガル；RUSロシア；SCTスコットランド［イギリス］；TURトルコ；WALウェールズ［イギリス］
出典：Education 2030 International Comparative Review of Physical Education questionnaire (2018). Curr. 1.4d.

でも、認知的成果について3つの種類の記載があるとしている。その3つとは、目標の設定（goal setting）、目標のモニタリング（goal monitoring）、学業成績（academic performance）である。**ロシアとトルコ**を除くすべての国・地域は、体育カリキュラムの中で少なくとも1つの明確な認知的成果を推進している（図3.10）。

● 8か国・地域（44％）が、体育の認知的成果の目標を明確に設定している（**中国、日本、カザフスタン、韓国、ルクセンブルク、ノルウェー、オンタリオ州［カナダ］、ウェールズ［イギリス］**）。

● **韓国**を除き、また**エストニア**を加えて、この同じ国・地域が目標のモニタリングも推進している。

● 6か国・地域（33％）が、体育の明確な成果として学業成績の向上を推進している（**オーストラリア、チリ、中国、日本**（ISCED 2のみ）、**ポルトガル、スイス**）。

オーストラリアでは、生徒が体育・保健教育の中で知識と理解を深めること

で、学業成績の向上が認められている。**スコットランド［イギリス］**では、体育・保健教育において、集中力、手掛かり認識、意思決定、優先順位付け、複数処理、創造性、問題解決などが認知的成果と関連付けられている（これらは図3.10では認知的成果として挙げられていない）。

第6節　ライフスタイルと健康的成果

　過去30年間の研究によれば、今日の生徒は30年前の生徒よりも栄養状態が悪く、非伝染性疾患に関連するいくつかの主要な危険要因を摂取している可能性が高いという懸念が示されている（Aston, 2018; Roblin, 2007）。

- 子供や若者は、非伝染性疾患に関連するもの、貧しい食生活の蔓延、睡眠時間や質の低下といった危険要因にさらされている（OECD, 2017）。
- また、過去30年間で、子供や若者のソフトドリンク、お菓子、塩分の多いスナック、ファストフードの過剰摂取が増加し、この傾向は、過体重または肥満の子供の数をそれぞれ2倍と3倍に増やしている（Roblin, 2007）。

　このようなライフスタイルの選択は、幅広い外的要因に影響されることを認識することが重要である。社会経済的地位、伝統、文化的規範、家族関係の質、ロールモデルなどはこの点において特に重要である（Kelder et al., 1994; Videon and Manning, 2003）。しかし、研究によると、体育・保健教育は、健康的なライフスタイルを送るために必要な意識を育むことで、この文脈においても役割を果たすこともできることが分かっている。

体育によって向上する身体的成果についての研究結果

行動変容のきっかけとしての自己効力感の向上

健康や体育・保健教育がバランスよく行動介入することで食習慣を形成する役割を果たすことができることを示す証拠が増えている（Van Stralen et al., 2011）。研究によると、体育・保健教育が行動変容を促進する主な方法は、自己効力感を高めること、つまり、生徒が目標を達成できると信じること、生徒の知識と態度を改善することである（Van Stralen et al., 2011）。

健康的な食生活を形成する上で、体育・保健教育に基づいた介入が長期的にどのような影響をもたらすかを評価するには、より多くのエビデンスが必要である。生徒の意思決定、社会経済的、家庭的、文化的背景を超えて、食習慣は仲間や自己イメージによって形成される（Videon and Manning, 2003）。

若者は思春期を経験し、青年期へと移行する中で、食習慣が大きく変化する可能性があることを考えると、これは特に適切なことである。ティーンエイジャーは自分の体や他人が自分をどう見ているかをより意識するようになる可能性がある。その結果、社会的な圧力や集団の期待に応えるために食生活を変えることもある（Neumark-Sztainer et al., 1999）。

また、体育・保健教育が違法薬物の摂取のような危険な行動への理解に影響を与える可能性があり、さらなる研究が求められている。この点において、危険な行動へのリスクを減らすための知識ベースのみの介入は、行動やその意図を変える効果がないことが示されている（Carney et al., 2016; Faggiano et al., 2014）。ライフスタイルの選択に影響を与えるようなより広範なコミュニティー要因については、学校ベースのプログラムとコミュニティーや家族を対象とした介入と組み合わせることで、長期的な行動の変容を誘発する効果が示唆されている（Carney et al., 2016; Faggiano et al., 2014）。

成人後の身体活動の習慣への関与

　体育と「生徒の健康やライフスタイルの成果」との関係についての研究では、子供たちが学校で身体活動に取り組むことで、大人になってからの身体活動への習慣を形成することが示唆されている（Cook et al., 2013; Hallal et al., 2012）。学校における子供時代の体育の経験は、大人になってからの健康やライフスタイルの成果に影響する。実際、少年期や青年期に確立した身体活動の習慣は、短期的に健康に影響を与えるだけでなく、成人の罹患率や死亡率のような長期的な影響を与えることを示すエビデンスが続々と現れている（Hallal et al., 2006）。慢性疾患の影響は大人になってから現れるが、これらの疾患の多くは青少年期に始まっている（Cook, Auinger and Huang, 2009; Halfon, Verhoef and Kuo, 2012; Hallal et al., 2006）。

　フィンランドと**スウェーデン**の生徒を対象とした縦断的研究は、体育が成人の身体活動への参加と関連している可能性を支持している（Glenmark, 1994; Telama et al., 1997）。したがって、身体的成果の向上については、体育の短期的な効果だけでなく、その先を見据えることが特に重要であると思われる。身体活動を促進するだけでなく、体育は、特にコミュニティレベルでの介入と組み合わせた場合、成人期まで活動的で健康的なライフスタイルを促進する有用なツールとなり得る。

健康的な態度と実践における不平等への取り組み

　調査で明らかになっているが、体育・保健教育は態度や実践の不平等に対応するための潜在的なツールとも言える。PISA2015年調査によれば、女子の26％、男子の18%が登校前の朝食を抜いている（OECD, 2017）。さらに、女子は社会的圧力や過体重という自己イメージから、男子よりもその傾向が強いという調査結果もある（Florin, Shults and Stettler, 2011）。この点で、体育・保健教育は、この現象を抑制するために、ジェンダーの固定観念を払拭し、身体に対する肯定的な考え方を促進することに貢献することができる。

PISA2015年調査は、ライフスタイルの選択と関わって、他の不平等についても光を当てている。社会経済的に有利な立場の背景を持つ生徒は、不利な立場にある生徒よりも朝食を食べることの重要性を認識している傾向がある（OECD, 2017）。重要なのは、体育・保健教育がどのように食事や生活習慣に関する知識の不平等を減らすことができるかについてエビデンスを蓄積することである。

認知機能の向上に寄与する可能性のある健康的な食事

　研究によると、効果的な介入によって、健康的な食生活をすることの利点は、栄養面での改善に留まらないと言える。例えば、朝食を摂ることは、認知機能の向上と関連している。朝食を摂る生徒は、朝食を抜いた生徒よりも集中力や注意力が高いため、学校での成績が良くなる可能性がある（Adolphus, Lawton and Dye, 2013）。健康的な食生活をするための取り組みをしても、生

図3.11　朝食の摂取と科学的リテラシーの成績（PISA2015年調査）

社会経済的な状況を考慮した上での、科学的リテラシーの得点差

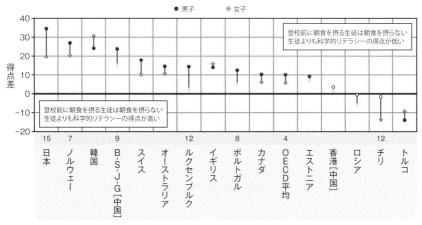

注：男女とも有効な数値のある国・地域のみ表示。朝食を摂る生徒と抜いた生徒の統計的な有意差は、濃色で示されている。
男女間の統計的有意差は、国・地域名の上に表示されている。B-S-J-Gは、北京・上海・江蘇・浙江の略記である。
出典：OECD, *PISA 2015 Database*, Table III.11.25.

徒の食生活を形成するすべての要因に対応できるわけではないが、意識すること（awareness）は体育がなしうる重要なことでもある。

　社会経済的背景を考慮したOECDデータによれば、OECD加盟国の平均では、朝食の摂取は生徒の科学の成績との間に正の関連が見られる（図3.11）。しかし、この関連性は常に一貫しているわけではなく、いくつかの国で朝食の摂取と成績は負の関連性を持っている。OECD加盟国の平均では、学校前に朝食を摂ったと答えた男子は、朝食を抜いた男子よりも科学の成績が10点高い。朝食を摂ったと答えた女子は、朝食を抜いたと答えた女子に比べて6点高い。社会経済的な状況を踏まえても、27か国の男子生徒、19か国の女子生徒において、朝食の摂取は科学の成績と正の関連がある。

国・地域は、こうした成果をカリキュラムの主要な目標としているか？

　国・地域は、通常、子供たちが身体的に活動的なライフスタイルを維持・増進できるように支援しながら、生活習慣の確立を重視している。この方向性は参加国・地域で共通に取り組まれている体育の健康面での成果でもある。さらに、10か国・地域（55％）がISCED 1とISCED 2の両方で子供の健康的な食事を明確に促進している（表3.1）。**エストニアとウェールズ［イギリス］**を除いて、これらの国・地域が、保健と体育を複合科目としていることを考慮すればこの傾向は理解できる（第2章参照）。

　国・地域によって、その他のライフスタイルや健康面での成果には大きなばらつきがある。このばらつきは、カリキュラムの中に保健教育をどこに取り入れるかといったカリキュラムモデルの違いが反映している。つまり、健康関連の内容は、体育カリキュラムの中だけでなく、カリキュラムの他の領域に含まれていることとも関連している。

　とりわけ神経科学の研究成果は、睡眠時間とその質の重要性を示唆しているが（OECD, 2017a）、睡眠習慣をカリキュラムで明示することはあまりない。

表3.1 参加国・地域の体育が明確に促進するライフスタイルと成果の種類

		身体活動的な ライフスタイル	健康的な食事	その他
OECD加盟国・地域	オーストラリア	はい	はい	いいえ
	チリ	はい	はい	いいえ
	イングランド [イギリス]	はい	いいえ	いいえ
	エストニア	はい	いいえ	いいえ
	日本	はい	はい	健康行動・ライフスタイル（アルコール・薬物教育を含む） 人間の成長・発達、性の健康、思春期の健康 安全、応急処置、けがの防止 疾病の予防
	韓国	はい	はい	いいえ
	ルクセンブルク	はい	はい	いいえ
	ノルウェー	はい	いいえ	いいえ
	オンタリオ州 [カナダ]	はい	はい	健康行動・ライフスタイル（アルコール・薬物教育を含む） 人間の成長・発達、性の健康、思春期の健康 安全、応急処置、けがの防止
	ポルトガル	はい	いいえ	いいえ
	スコットランド [イギリス]	はい	いいえ	いいえ
	スイス	はい	いいえ	いいえ
	トルコ	はい	はい	いいえ
	ウェールズ [イギリス]	はい	いいえ	いいえ
パートナー国・地域	中国	はい	はい	健康行動・ライフスタイル（アルコール・薬物教育を含む） 人間の成長・発達、性の健康、思春期の健康 安全、応急処置、けがの防止 疾病の予防
	香港 [中国]	はい	いいえ	
	カザフスタン	はい	はい	健康行動・ライフスタイル（アルコール・薬物教育を含む）
	ロシア	はい	いいえ	いいえ

出典: Education 2030 International Comparative Review of Physical Education questionnaire（2018）

参考文献・資料

Adolphus, K., C.L. Lawton and L. Dye（2013）, "The effects of breakfast on behavior and academic performance in children and adolescents", *Frontiers in Human Neuroscience*, Vol. 7, http://dx.doi.org/10.3389/fnhum.2013.00425.

Alvarez-Bueno, C. et al.（2017a）, "The effect of physical activity interventions on children's cognition and meta-cognition: A systematic review and meta-analysis", *Journal of the American Academy of Child and Adolescent Psychiatry*, Vol. 56/9, Elsevier, New York, pp. 729-738, https://doi.org/10.1016/j.jaac.2017.06.012.

Alvarez-Bueno, C. et al.（2017b）, "Academic achievement and physical activity: A meta-analysis", *Pediatrics*, Vol. 140/6, Elsevier, New York, pp. 1-14, https://doi.org/10.1542/peds.2017-1498.

Aston, R.（2018）, "Physical health and well-being in children and youth: Review of the literature", *OECD Education Working Papers*, No. 170, OECD Publishing, Paris, https://doi.org/10.1787/102456c7-en.

Bailey, R.（2006）, "Physical education and sport in schools: A review of benefits and outcomes", *Journal of School Health*, https://doi.org/10.1111/j.1746-1561.2006.00132.x.

Barber, B. et al.（2001）, "Whatever Happened to the Jock, the Brain, and the Princess?: Young Adult Pathways Linked to Adolescent Activity Involvement and Social Identity", *Journal of Adolescent Research*, https://doi.org/10.1177/0743558401165002

Bassett, D. R. et al.（2015）, "Trends in physical activity and sedentary behaviors of United States youth", *Journal of Physical Activity and Health*, http://doi.org/10.1123/jpah.2014-0050.

Bauman, A.E. et al.（2012）, "Correlates of physical activity: why are some people physically active and others not?", *The Lancet*, Vol. 380/9838, pp. 258-71, http://dx.doi.org/10.1016/S0140-6736（12）60735-1.

Baumeister, R. F. et al.（2003）, "Does high self-esteem cause better performance, interpersonal success, happiness, or healthier lifestyles?", *Psychological Science in the Public Interest*, 4（1）, 1-44.

Biddle, S. J. H. and M. Asare（2011）, "Physical activity and mental health in children and adolescents: A review of reviews", *British Journal of Sports Medicine*, https://doi.org/10.1136/bjsports-2011-090185.

Birkeland, M. S., T. Torsheim and B. Wold（2009）, "A longitudinal study of the relationship between leisure-time physical activity and depressed mood among adolescents", *Psychology of Sport and Exercise*, 10 (1), 25-34.

Booth, V. M., A. V. Rowlands and J. Dollman (2015), "Physical activity temporal trends among children and adolescents", *Journal of Science and Medicine in Sport*, https://doi.org/10.1016/j.jsams.2014.06.002.

Byrd, C.E. and S.M. Ross (1991), "The influence of participation in junior high athletics on students' attitudes and grades", *The Physical Educator*, Vol. 48/4, pp.170.

Camiré, M., P. Trudel and T. Forneris (2012), "Coaching and transferring life skills: Philosophies and strategies used by model high school coaches", *The Sport Psychologist*, 26 (2), 243-260.

Carney, T. et al. (2016), "Brief school-based interventions and behavioural outcomes for substance-using adolescents", *Cochrane Database of Systematic Reviews*, https://doi.org/10.1002/14651858.CD008969.pub3.

Centers for Disease Control and Prevention (2017), "How much physical activity do adults need?", https://www.cdc.gov/physicalactivity/basics/adults/index.htm.

Centers for Disease Control and Prevention (2010), "The association between school based physical activity, including physical education, and academic performance", US Department of Health and Human Services, https://www.cdc.gov/healthy schools/pecat/pa-pe_paper.pdf.

Collingwood, T. R. et al. (2000), "Physical training as a substance abuse prevention intervention for youth", *Journal of Drug Education*, 30 (4), 435-451.

Cook, H. D. and H. W. Kohl (2013), *Educating the Student Body: Taking Physical Activity and Physical Education to School*, National Academies Press, https://doi.org/10.17226/18314.

Cook, S., P. Auinger and T. T.-K. Huang (2009), "Growth curves for cardio-metabolic risk factors in children and adolescents", *The Journal of Pediatrics*, https://doi.org/10.1016/j.jpeds.2009.04.051.

De la Haye, K. et al. (2011), "How physical activity shapes, and is shaped by, adolescent friendships", *Social Science and Medicine*, https://doi.org/10.1016/j.socscimed.2011.06.023.

Dietz, W. H. (1998), "Health consequences of obesity in youth: Childhood predictors of adult disease", *Pediatrics*, https://doi.org/10.1007/s12098-011-0489-7.

Doré, I. et al. (2016), "Volume and social context of physical activity in association with mental health, anxiety and depression among youth", *Preventive Medicine*, 91, 344-350.

Drewe, S. B.（2000）, "The logical connection between moral education and physical education", *Journal of Curriculum Studies*, 32（4）, 561-573.

Dumont, M. and M. A. Provost（1999）, "Resilience in adolescents: Protective role of social support, coping strategies, self-esteem, and social activities on experience of stress and depression", *Journal of Youth and Adolescence*, 28（3）, 343-363.

Duncan S. C. et al.（2007）, "A cohort-sequential latent growth model of physical activity from ages 12 to 17 years", *Annals of Behavioral Medicine*, https://doi. org/10.1207/s15324796abm3301_9.

Dyson, B. and A. Casey（eds.）（2012）, *Cooperative Learning in Physical Education: A Research-Based Approach*, Routledge, London.

Faggiano, F. et al.（2014）, "Universal school-based prevention for illicit drug use", *Cochrane Database of Systematic Reviews*, https://doi.org/10.1002/14651858.CD 003020.pub3.

Farren, G. L., Zhang, T., Gu, X., & Thomas, K. T.（2017）. "Sedentary behavior and physical activity predicting depressive symptoms in adolescents beyond attributes of health-related physical fitness", *Journal of Sport and Health Science*. Early Print.

Fedewa, A. L. and Soyeon Ahn（2011）, "The effects of physical activity and physical fitness on children's achievement and cognitive outcomes: A meta-analysis", *Research Quarterly for Exercise and Sport*, Taylor and Francis, New York, Vol. 82/3, pp. 521-535, https://doi.org/10.5641/027013611X13275191444107.

Felez-Nobrega, M. et al.（2017）, "The association of context-specific sitting time and physical activity intensity to working memory capacity and academic achievement in young adults", *European Journal of Public Health*, https://doi. org/10.1093/eurpub/ckx021.

Florin, T.A., J. Shults and N. Stettler（2011）, "Perception of overweight is associated with poor academic performance in US adolescents", *Journal of School Health*, Vol. 81/11, pp. 663-70, http://dx.doi.org/10.1111/j.1746-1561.2011.00642.x.

Froberg, A. et al.（2017）, "Levels of physical activity during physical education lessons in Sweden", Acta Paediatrica（Oslo, Norway : 1992）, https://doi.org/10. 1111/apa.13551.

García-López, L. M., & Gutiérrez, D.（2015）. "The effects of a sport education season on empathy and assertiveness", *Physical Education and Sport Pedagogy*, 20（1）, 1-16.

Glenmark（1994）, Prediction of physical activity level in adulthood by physical characteristics, physical performance and physical activity in adolescence: an 11-year follow-up study, https://doi.org/10.1007/BF00239871.

Goudas, M. and G. Giannoudis（2010）, "A qualitative evaluation of a life-skills program in a physical education context", *Hellenic Journal of Psychology*, 7（3）, 315-334.

Goudas, M. and G. Giannoudis（2008）, "A team-sports-based life-skills program in a physical education context", *Learning and Instruction*, 18（6）, 528-536.

Granger, E.（2017）, "A systematic review of the relationship between physical activity and health status in adolescents", *The European Journal of Public Health*, 27（2）, 1-7.

Gutiérrez, M. and P. Vivó（2005）, "Enseñando razonamiento moral en las clases de educación física escolar", *Motricidad*, 14, 1-22.

Haine, R. A. et al.（2003）, "Locus of control and self-esteem as stress-moderators or stress-mediators in parentally bereaved children", *Death Studies*, 27（7）, 619-640.

Halfon, N., P. A. Verhoef and A. A. Kuo（2012）, "Childhood antecedents to adult cardiovascular disease", *Pediatrics in Review*, https://doi.org/10.1542/pir.33-2-51.

Hallal, P. C. et al.（2006）, "Adolescent physical activity and health", *Sports Medicine*, https://doi.org/10.2165/00007256-200636120-00003.

Hallal, P. C., Andersen, L. B., Bull, F. C., Guthold, R., Haskell, W., & Ekelund, U.（2012）, "Global physical activity levels: surveillance progress, pitfalls, & prospects", *The Lancet*, 380（9838）, 247-257.

Harper, J. F. and E. Marshall（1991）, "Adolescents' problems and their relationship to selfesteem", *Adolescence*, 26（104）, 799.

Haugen, T., R. Safvenbom and Y. Ommundsen（2013）, "Sport participation and loneliness in adolescents: The mediating role of perceived social competence", *Current Psychology*, https://doi.org/10.1007/s12144-013-9174-5.

Haugen, T., R. Safvenbom and Y. Ommundsen（2011）, "Physical activity and global self-worth: The role of physical self-esteem indices and gender", *Mental Health and Physical Activity*.

Jackson, W. M. et al.（2016）, "Physical activity and cognitive development: A meta-analysis", *Journal of Neurosurgical Anesthesiology*, Vol. 28/4, Wolters Kluwer Health, Alphen aan den Rijn, pp. 373-380, https://doi.org/10.1097/ANA.0000000000000349.

Jang, S., W. Y. So and E. J. Choi（2017）, "Physical activity and suicidal behaviors in gay, lesbian, and bisexual Korean adolescents", *Journal of Mens Health*, 13（1）, 1-8.

Jewett, R. et al. (2014), "School sport participation during adolescence and mental health in early adulthood", *Journal of Adolescent Health*, 55 (5), 640-644.

Kelder, S. H. et al. (1994), "Longitudinal tracking of adolescent smoking, physical activity, and food choice behaviors", *American Journal of Public Health*, https://doi.org/10.2105/AJPH.84.7.1121.

Kirk, D. (2009), *Physical Education Futures*, Routledge, London, https://doi.org/10.4324/9780203874622.

Laker, A. (2002), *Beyond the Boundaries of Physical Education: Educating Young People for Citizenship and Social Responsibility*, Routledge, London.

Lobstein, T. et al. (2015) "Child and adolescent obesity: part of a bigger picture", *The Lancet*, Vol. 385/9986, pp. 2510-2520, http://dx.doi.org/10.1016/S0140-6736(14)61746-3.

Macdonald-Wallis, K. et al. (2011), "School-based friendship networks and children's physical activity: A spatial analytical approach", *Social Science and Medicine*, https://doi.org/10.1016/j.socscimed.2011.04.018.

Mandigo, J., J. Corlett and P. Ticas (2016), "Examining the role of life skills developed through Salvadoran physical education programs on the prevention of youth violence", *Journal of Sport for Development*, 4 (7), 25-38.

McConnell, E. (2018), Multiple Minority Stress and LGBT Community Resilience among Sexual Minority Men, *NBCI*.

McGuire, J. and P. Priestley (1981), *Life After School: A Social Skills Curriculum*, Pergamon Press, Oxford.

McKenzie, T. L. et al. (2006), "Girls' activity levels and lesson contexts in middle school PE: TAAG baseline", *Medicine and Science in Sports and Exercise*, https://doi.org/10.1249/01.mss.0000227307.34149.f3

McPhie, M. L. and J. S. Rawana (2015), "The effect of physical activity on depression in adolescence and emerging adulthood: A growth-curve analysis", *Journal of Adolescence*, 40, 83-92.

Meyer, U. et al. (2013), "Contribution of physical education to overall physical activity", *Scandinavian Journal of Medicine and Science in Sports*, https://doi.org/10.1111/j.1600-0838.2011.01425.x.

Moljord, I. E. et al. (2014), "Physical activity, resilience, and depressive symptoms in adolescence", *Mental Health and Physical Activity*, 7 (2), 79-85.

Neumark-Sztainer, D. et al. (1999)"Factors influencing food choices of adolescents: Findings from focus-group discussions with adolescents", *Journal of the*

American Dietetic Association, Vol. 99/8, pp. 929-937. http://dx.doi.org/10.1016/
S0002-8223（99）00222-9.

OECD（2017）, *PISA 2015 Results (Volume III): Students' Well-Being*, OECD
Publishing, Paris, https://doi.org/10.1787/9789264273856-en.

OECD（2017a）, *Looking to 2030: Opportunities and risks for Well-Being*, OECD
Publishing, Paris.

Okely, A. D., M. L. Booth and J. W. Patterson（2001）, "Relationship of physical activity
to fundamental movement skills among adolescents", *Medicine and Science in
Sports and Exercise*, https://doi.org/10.1097/00005768-200111000-00015.

Owen, K. B. et al.（2016）, "Physical activity and school engagement in youth: A
systematic review and meta-analysis", *Educational Psychologist*, Vol. 51/2,
Taylor and Francis, New York, pp. 129-145, https://doi.org/10.1080/00461520.
2016.1151793.

Patalay, P. et al.（2016）, "Mental health provision in schools", *Child and Adolescent
Mental Health*, 21（3）, 139–147.

Pellegrini, D. and Bohn, C.（2005）, "The Role of Recess in Children's Cognitive
Performance and School Adjustment", *Sage Journals*, https://doi.org/10.3102/001
3189X034001013

Pez, O. et al.（2013）, *The School Children Mental Health Project: Phase 2: The
School Survey*, SCMHE Group, Paris.

Pollard, E.L., and P.D. Lee（2003）, "Child well-being: A systematic review of the
literature", *Social Indicators Research*, Vol. 61/1, pp. 59-78, http://dx.doi.org/10.
1023/A:1021284215801.

Raudsepp, L. and I. Neissaar（2012）, "Brief report: relationships between physical
activity and depressive symptoms in adolescent girls", *Journal of Adolescence*, 35
（5）, 1399-1402.

Rieger, S. et al.（2016）, "Low self-esteem prospectively predicts depression in the
transition to young adulthood: A replication of Orth, Robins, and Roberts（2008）",
Journal of Personality and Social Psychology, 110（1）, 16-22.

Roblin, L.（2007）, "Childhood obesity: Food, nutrient, and eating-habit trends and
influences", *Applied Physiology, Nutrition, and Metabolism*, https://doi.org/10.
1139/H07-046.

Schumacher Dimech, A. and R. Seiler（2011）, "Extra-curricular sport participation: A
potential buffer against social anxiety symptoms in primary school children",
Psychology of Sport and Exercise, https://doi.org/10.1016/j.psychsport.2011.03.007.

Sibley, B. A. and J. L. Etnier（2003）, "The relationship between physical activity and cognition in children: A meta-analysis", *Pediatric Exercise Science*, Vol.15/3, North American Society of Pediatric Exercise Medicine, Human Kinetics, Champaign, pp. 243-256, https://doi.org/10.1123/pes.15.3.243.

Singh, A. et al.（2012）, "Physical activity and performance at school: A systematic review of the literature including a methodological quality assessment", *Archives of Pediatrics and Adolescent Medicine*, Vol. 166/1, pp. 49-55, http://dx.doi.org/10.1001/archpediatrics.2011.716.

Smith, N. J., M. A. F. Lounsbery and T. L. McKenzie,（2014）, "Physical activity in high school physical education: Impact of lesson context and class gender composition", *Journal of Physical Activity and Health*, https://doi.org/10.1123/jpah.2011-0334.

Stavrakakis, N. et al.（2012）, "Bidirectional prospective associations between physical activity and depressive symptoms: The TRAILS Study", *Journal of Adolescent Health*, 50（5）, 503-508.

Story, M., K. M. Kaphingst and S. French（2006）, "The role of schools in obesity prevention", *The Future of Children*, https://doi.org/10.1353/foc.2006.0007.

Suhrcke, M., D. Pillas and C. Selai（2008）, "Economic Aspects of Mental Health in Children and Adolescents: Social Cohesion for Mental Well-Being among Adolescents", WHO Regional Office for Europe, Copenhagen.

Taliaferro, L. A. et al.（2008）, "High school youth and suicide risk: Exploring protection afforded through physical activity and sport participation", *Journal of School Health*, 78（10）, 545-553.

Telama, R. et al.（1997）. "Physical activity in childhood and adolescence as predictor of physical activity in young adulthood", NBCI, 1997 Jul-Aug;13（4）: 317-23.

US Department of Health and Human Services（2012）, *Physical Activity Guidelines for Americans Midcourse Report: Strategies to Increase Physical Activity among Youth*, US Department of Health and Human Services, https://health.gov/paguidelines/midcourse/.

Van Buren, D. J. and T. L. Tibbs（2014）, "Lifestyle interventions to reduce diabetes and cardiovascular disease risk among children", *Current Diabetes Reports*, https://doi.org/10.1007/s11892-014-0557-2.

Van Stralen, M. M. et al.（2011）, "What works in school-based energy balance behaviour interventions and what does not: A systematic review of mediating mechanisms", *International Journal of Obesity*, https://doi.org/10.1038/ijo.2011.68.

Vazou, S. et al. (2016), "More than one road leads to Rome: A narrative review and meta-analysis of physical activity intervention effects on cognition in youth", *International Journal of Sport and Exercise Psychology*, Taylor and Francis, New York, Vol. 14, https://doi.org/10.1080/1612197X.2016.1223423.

Viciana, J. et al. (2017), "Effect of two alternated teaching units of invasion team sports on the tactical learning in primary schoolchildren", *International Journal of Performance Analysis in Sport*, https://doi.org/10.1080/24748668.2017.1331575.

Videon, T. M and C. K. Manning (2003), "Influences on adolescent eating patterns: The importance of family meals", *Journal of Adolescent Health*, Vol. 32/5, pp. 365-373, http://dx.doi.org/10.1016/S1054-139X（02）00711-5.

Watson, A. et al. (2017), "Effect of classroom-based physical activity interventions on academic and physical activity outcomes: A systematic review and meta-analysis", *International Journal of Behavioural Nutrition and Physical Activity*, Vol. 14/1, BioMed Central, London, pp. 114 (24 pages), https://doi.org/10.1186/s12966-017-0569-9.

Webber, L. S. et al. (2008), "Promoting physical activity in middle school girls: Trial of activity for adolescent girls", *American Journal of Preventive Medicine*, https://doi.org/10.1016/j.amepre.2007.11.018.

WHO (World Health Organization) (2016), *Child and Adolescent Mental Health*, WHO.

WHO (2015), "Prevalence of insufficient physical activity among school-going adolescents: Data by country", http://apps.who.int/gho/data/node.main.A893ADO?lang+en.

WHO (2008), *The Global Burden of Disease: 2004 Update*, WHO, https://doi.org/10.1038/npp.2011.85.

Zhang, Y. et al. (2015), "Association between physical activity and teacher-reported academic performance among fifth-graders in Shanghai: A quantile regression", *PLoS ONE*, Vol. 10/3,http://dx.doi.org/10.1371/journal.pone.0115483.

第 **4** 章

21世紀の目的に向けて：
体育・保健教育の
過去・現在・未来への道筋

本章では、体育・保健教育カリキュラム改革の歴史、主な推進要因、そして今日の課題と 21 世紀の体育の方向性について考察する。

はじめに

　体育・保健教育のカリキュラムの範囲、内容、焦点は変化している。このケーススタディに参加した国・地域はすべて、学校での教育を改善し、体育・保健教育の将来への新たな問いに応えるために、体育・保健教育カリキュラム改革を最近終えたか、現在行っているところである。

第1節 ▎ 体育・保健教育の変化

　各国・地域の体育・保健教育のカリキュラム改革に係る歴史的背景を探ることで、自分たちのカリキュラム改革への道筋が見えてくる。

19世紀半ば以降の必修教科としての体育

　ルクセンブルク、日本、ノルウェーなど、19世紀半ばから後半にかけて、学校の必須教科として体育を導入した国もある。また、**中国**のように1900年代半ばから後半にかけて体育がカリキュラムに組み込まれた国・地域もある（図4.1）。

19世紀の軍国主義的な身体訓練から、20世紀の民主的なアプローチや保健教育との統合へのシフト

　この後、特に1970年代以降、保健教育と体育の統合的なカリキュラムモデルを通して、両者の相互関連性を認識する国際的な呼び掛けが始まり、世界中でカリキュラムデザインやモデルが広く変化していった（ICHPER, 1971; Lynch and Soukup, 2016）。例えば、**オーストラリア**では、1990年代半ばにそれまで別々だった体育と保健教育の科目を1つの領域に統合し、**日本、韓国、ノ**

ルウェーでも、公式の教科・学習領域として位置付いているか否かにかかわら
ず、今日と同様のカリキュラムモデルが見られるようになった。

図4.1　体育・保健教育カリキュラムの国別事例

改革の種類	1850-1890年代	1900-1940年代	1950-1990年代
体育必修化の導入	●ルクセンブルク、準備教育課程（preparatory classes）に体育の必修化を導入（1860年） ●日本とノルウェーが体育を必修化（1880年代半ば）	●ルクセンブルクでは、全学年で体育の必修化を実施	●イングランド［イギリス］で体育を必修化（1988年） ●ポルトガルが体育を必修化（1990年代前半） ●中国（1990年代半ば）
ガイドライン、書籍などの制作	●エストニアで初めて体育に関する書籍を出版（1880年代半ば）		●国際健康・体育・レクリエーション・スポーツ・ダンス協議会（ICHPER）が、体育と保健教育の統合を推奨（1971年）
体育と保健教育の融合		●日本が体育・保健教育を必修教科として導入（1949年）	●オーストラリアが体育と保健教育を教科として融合（1990年代半ば）

注：この図には、ケーススタディにおいて体育の必修化等の年代が明らかになっている国・地域のみが含まれている。
出典：国別ケーススタディ。

　20世紀を通じて、保健教育や体育のカリキュラムの内容や構成は、学術
的、社会的、政治的な傾向や潮流の変化による影響を受けてきた。19世紀後
半に典型的に見られた軍国主義的、あるいはドリル形式の訓練は、20世紀に
は教育の民主化と多元化に取って代わられた。子供や若者の全体としての社会
的、身体的、心理的、認知的、感情的な発達とウェルビーイングのために、健
康的な食生活と十分な身体活動が果たす役割と重要性に関する教育と医学の両
者の理解が進んだことが、この進化に影響を与えている（ICHPER, 1971;
Lynch and Soukup, 2016）。

第2節　変革の推進者としてのステークホルダー

　このような歴史的な変化によって、公衆衛生やスポーツ機関など、教育や教
育以外のステークホルダーの数が増え、学校を基盤とした体育・保健教育が注

目されるようになった。こうした関係機関は、今日でも体育・保健教育の改革に向けた主要な推進者でもある。

　今日の体育と保健のカリキュラムは、外的要因に適応し続けている。参加国・地域を問わず、この教科・学習領域は、ますます生徒志向で学際的になってきている。その結果、体育・保健教育カリキュラムの改革には、多様なステークホルダーが関わるようになってきている。

　体系的でエビデンスに基づく政策立案を裏付ける資料は少ないものの、参加国・地域の間では合意志向の改革（consensus-oriented reforms）が顕著である。そのためには、政策立案・改訂のプロセスを形成する複数のステークホルダーを考慮することが重要である。改革のプロセスと目的を推進する教育制度の内外の主要なステークホルダーや関係者は誰なのか？ その相互作用はどのような特徴を持っているのだろうか？ ステークホルダーは、教育セクター、非教育セクター、そして国際コミュニティの関係者といったように分類される。この3つのグループの領域内と領域間の各相互作用のエコロジカルな性質を認識することが重要である。

教育セクター

　表4.1に、国・地域のケーススタディで報告された教育セクターの主な役割について示す。

非教育セクター

　体育・保健教育は、教育の領域を超えて、一般の人々や専門家の幅広い関心を集めている。表4.2に、国・地域のケーススタディで報告された非教育セクターの主な役割について示す。

表4.1　体育・保健教育のカリキュラム改革に向けた教育セクターの主な役割

どこが	責任
中央教育局・省庁、地方教育局	各国・地域を担当する中央政府または省は、体育・保健教育に関する最近のカリキュラム改革や予定されているカリキュラム改革を推進する第一の教育推進部署である。しかし、これらの中央教育当局の権限、およびこれらの中央当局と地方または地域の教育当局との間で割り当てられるガバナンス構造は、国・地域によって異なる。国・地域によって、学校制度における中央集権的な当局と地方分権的な当局の間のバランスが変化し、混合的なガバナンス構造が報告されるのが通常である。主な類型は以下の2つである。 **中央集権的な学校制度**：中央省庁が学校の政策や開発、地域・都道府県・学校間の実施に関してかなりの権限を持つ。**日本、韓国、ロシア**のような国は、比較的中央集権的な学校制度について報告している。 **分権的な政策立案と実施モデル**：地方／州の部局は、公的制度全体における体育・保健教育カリキュラムの開発および／または実施に関する自治権を与えられている。**オーストラリア、中国、ノルウェー、オンタリオ州［カナダ］、スコットランド［イギリス］、ウェールズ［イギリス］**などの国や地域は、より分権的な政策立案と実施のモデルについて報告している。
教育課程当局	国や地方のカリキュラム当局は、カリキュラムや評価の方針および資料の研究・開発に責任を負う。当局は、中央政府内に設置されている場合もあれば（省庁の支局や外局）、独立した諮問機関である場合もある。 カリキュラムの開発や改革に影響を与える機関としては、たとえば、**オーストラリア**のカリキュラム・アセスメント・レポート機関（Curriculum, Assessment and Reporting Authorities）や、**韓国**のカリキュラム・評価研究所（Institute for Curriculum and Evaluation）などがある。**オンタリオ州［カナダ］**では、オンタリオ州教育省のカリキュラム・アセスメント・スチューデントサクセス政策部門（Curriculum, Assessment and Student Success policy branch）が州のカリキュラム認可機関として活動している。
教育研究評議会とパートナー	国・地域によっては、オーストラリア教育研究評議会（Australian Council for Educational Research）（**オーストラリア**）、国立教育科学研究所（National Education Science Institute）（**中国**）、国立教育政策研究所・中央教育審議会（**日本**）など、国や地域の研究評議会やセンターの影響力を挙げている。
学校のネットワークとコミュニティ	いくつかの国では、生徒会、スクールネットワーク（例：**オンタリオ**健康学校連合 Ontario Health Schools Coalition）、保護者会（例：**ポルトガル**の全国保護者会連合 the National Confederation of Parents' Associations in Portugal）が、州の体育・保健教育カリキュラム改革における公的議論や政策に影響を与えていることを報告している。
専門家団体	例えば、全国体育教師専門職協会協議会（the National Council of Professional Association of Physical Education Teachers）やポルトガル体育協会（the Portuguese Society of Physical Education）（**ポルトガル**）、スコットランド体育教師協会（SATPE：Scottish Association of Teachers of Physical Education）（**スコットランド［イギリス］**）、体育協会（the Association for the Physical Education）（**ウェールズ［イギリス］**）のように、校長や教師の協議会や国や地方レベルの代表団体などの専門家団体が体育・保健教育改革に関与している。

表4.2　体育・保健教育のカリキュラム改革に向けた非教育セクターの主な役割

どこが	責任
その他の政府部門／省庁	国や地域によって、部局や省庁の組織やそれぞれの担当業務には大きな違いがある。しかし、すべての国や地域では、体育・保健教育のカリキュラムの開発や改訂に教育以外の部門や省庁の影響があることが指摘されている。通常、ケーススタディで体育・保健教育カリキュラムの改革に重要な影響を与えた省庁は、保健・科学、スポーツ、文化、メディア、観光、交通、副首相室などである。
家族・コミュニティ	子供や若者のウェルビーイング、健康、学習に対する社会的、地域的な懸念は学校制度全般への改革の強力な推進力となっている。体育・保健教育のカリキュラムに関わって、社会的関心を引き出す主な社会的トピックには、薬物防止教育、成長・発達・性、水の安全と水泳、女性や子供に対する暴力、過激主義、いじめ、または健全なオンライン行動や人間関係などがある。
	この意味で、**オーストラリア**、**韓国**、**ノルウェー**、**オンタリオ州**［**カナダ**］、**スコットランド**［**イギリス**］、**ウェールズ**［**イギリス**］の現在進行中のカリキュラム改訂には、広範な国民への意見聴取と、子供や若者の身体と心の健康に関する社会的関心への取り組みが反映されている。
	例えば、**オーストラリア**のカリキュラム・アセスメント・レポート機関（Australian Curriculum, Assessment and Reporting Authority）は、体育・保健教育のカリキュラムを開発する際に、メンタルヘルスに対する社会の関心に応え、すべての生徒に前向きな思考習慣、ポジティブなセルフトーク、レジリエンススキル、一般的なメンタルヘルスリテラシーを促進する強みに基づくアプローチ（strengths-based approach）を取り入れている。
全国公衆衛生協会・研究機関	国の公衆衛生協会や研究機関は、各国の健康や身体に関する研究やカリキュラム改革を進めていく上で重要な役割を果たしている。例えば、オーストラリア健康・体育・レクリエーション評議会（Australian Council for Health, Physical Education and Recreation）（**オーストラリア**）、オンタリオ洲公衆衛生協会（Ontario Public Health Association）（**オンタリオ州**［**カナダ**］）、北京大学児童青少年健康研究所（Institute of Child and Adolescent Health and Pecking University（**中国**）などがそうである。
	オーストラリア、**日本**、**ルクセンブルク**、**ノルウェー**のケーススタディでは、子供や若者の健康やウェルビーイングの傾向に関する国の公衆衛生データ、レポート、委員会などが、公共の議論に影響を与え、体育・保健教育のカリキュラム改革に影響を与えたと述べている。
スポーツ部門	国や地方のスポーツ団体は、独立した組織として、また中央政府の機関として、体育・保健教育のカリキュラム改革や政策に関わっている（**オーストラリア**、**日本**）。
	また、**イングランド**［**イギリス**］や**日本**では、オリンピック・パラリンピックの開催を契機に体育・保健教育が活性化したとの事例が報告されている。

カリキュラム改革とデザインにおける国際的な影響

　優れた比較データを入手できるようになったことで、世界中でカリキュラム改革におけるピアラーニングがますます可能になりつつある。例えば、**オーストラリア**、**中国**、**韓国**、**オンタリオ州**［**カナダ**］、**スコットランド**［**イギリス**］、**ウェールズ**［**イギリス**］は、体育・保健教育に関する他の国や地域のカリキュラ

ムや政策の取り組みが、自分たちの国・地域の改革に影響を与えたと報告している。一例として、**ウェールズ［イギリス］**は、カリキュラム改革の初期段階において、北イタリアのレッジョ・エミリア、ニュージーランドのテファリキ、アメリカのハイスコープ、北欧のフォレストスクールを大いに参考にしたことを報告している。

　多くの国際的な組織、機関、当局が体育・保健教育カリキュラムの継続的な見直しを支援している。体育・保健教育の政策立案やカリキュラムに影響を与えている国際機関を表4.3に示す。

表4.3　体育・保健教育の政策立案やカリキュラムに影響を与えた国際機関

どこが	責任
OECD	OECDは、教育政策に情報を提供するための国際比較教育研究に重点を置いている。この分野では、生徒の学習到達度調査（PISA）、コンピテンシーフレームワーク、ウェルビーイングフレームワークなどの幅広い取り組みが行われている。体育や保健教育に対象を絞った取り組みも存在する。OECDのFuture of Education and Skills 2030 は、韓国などの国々とともに、体育や保健教育を含む将来的な改革に向けて、教科に特化した分析に取り組んでいる。
世界保健機関（WHO）	WHOは、世界の公衆衛生の動向や子供や若者の健康上の成果に関する情報を報告し、国・地域の改革プロセスや、この問題に関する公共と政治の両方の議論に情報を提供している。
ユネスコ（UNESCO）	UNESCOは、良質の体育（Quality Physical Education）（UNESCO, 2015）、性教育ガイドライン（sexuality education guidelines）（UNESCO, 2009）、体育・身体活動・スポーツ国際憲章（International Charter of Physical Education, Physical Activity and Sport）（UNECSO, 1978）などを通じて、体育・保健教育における政策の指針を提供している。
国際オリンピック委員会（IOC）	IOCは、オリンピックが開催されるとき、開催国の体育・保健教育の推進に弾みをつけている。**イングランド［イギリス］**と**日本**は、オリンピックの結果、体育・保健教育への関心が高まったと報告している。
欧州連合（EU）	EUは、欧州内の学校カリキュラムに体育・保健教育を効果的に取り入れるためのエビデンスと政策を提供している。このような取り組みにおける重要な成果のひとつは、ヨーロッパでの学校体育とスポーツ（Physical Education and Sport at School in Europe）報告書である（EU, 2013）。
ヨーロッパ体育協会（EPEA）；Europeactive	EPEAは、身体活動の影響に関する研究とともに、教育政策において身体活動と体育・保健教育を取り入れることを欧州レベルで提唱している。

第3節 ┃ 21世紀における体育の今日的課題と今後の方向性

　21世紀の目的に合った体育・保健教育のカリキュラムをどのように改革するかという問いに、簡単な答えや単一の解決策はない。世界を急速に変化させているグローバルなトレンドと同時に、国・地域は、社会的、文化的、歴史的文脈に根ざした地域の状況や優先事項、予測に適応し、対応しなければならない。

　この研究に参加している国・地域における近年および現在進行中の改革は、政策決定のプロセス、優先順位、および戦略について有益な知見を提供している。今日の子供や青少年のためのダイナミックかつインクルーシブな体育・保健教育カリキュラムを開発・提供し、エージェンシーモデルに委ねられた効果的な体育・保健教育の実施を確実なものにするために、ここで未来への指針を示すことにする。これらの指針は、OECDのFuture of Education and Skills 2030プロジェクトのカリキュラムデザインとその実施にあたって得られた知識を踏まえ、その原則に基づいている。

ダイナミックかつインクルーシブな体育・保健教育のカリキュラムをデザインする

体育・保健教育の目標を再定義する――生徒のウェルビーイングを中心に据え、より広く、より長期的な視野で考える

　体育・保健教育の内容は、伝統的に狭く定義され、学習や能力開発よりも体力に重きを置いてきた（Annerstedt and Larsson, 2010; Kirk, 2009; Larsson and Nyberg, 2016; Redelius, Quennerstedt and Ohman, 2015）。しかし、近年の体育・保健教育における改革は、生徒のウェルビーイングに対する懸念が大きな動機となっている。その懸念点は以下のとおりである。

- 世界保健機関（WHO, 2015）が推奨する、生徒の毎日の中程度から活発な身体活動の欠如が、非伝染性疾患（non-communicable diseases）の増加の一因となっている（Bauman et al.）。

- セデンタリズム（座りっぱなしの生活）、偏った食生活、不十分な睡眠時間など、様々な健康上の負の影響をもたらす食事や生活習慣になっている（Aston, 2018; Roblin, 2007）。

- 不安などの精神的健康問題を含む社会的・心理的ウェルビーイングのリスク要因が上昇している（Suhrcke, Pillas and Selai, 2008; Patalay et al., 2016; Pez et al., 2013; OECD, 2017a）。

- カリキュラム内で体育に充てられる時間が減少し、特に成績の低い生徒にとって学業に悪影響を及ぼす可能性がある（Centers for Disease Control and Prevention, 2010; Zhang et al., 2015; Alvarez-Bueno et al., 2017a; Fedewa and Ahn, 2011; Jackson et al., 2016; Sibley and Etnier et al., 2003; Vazou et al., 2016; Watson et al., 2017）。

　生徒の学業成績のみならず、健康やウェルビーイング全般に対する関心の高まりを反映しており、これら一連のカリキュラム改革では、認知能力の発達や学業成績とともに、生徒の社会情動的スキルや経験も重視されている。こうした改革の中でしばしば認識することとして、こうした一連の成果は、相互依存的でエコロジカルな文脈の中で生み出されるものであり、複雑な道筋をたどるという点である。

　また一方で、ウェルビーイングは単一または静的な概念とは言えない。そこには心理的、認知的、社会的、身体的な様々な資質が含まれ、全人格的な発達を支えるものでもある。このカリキュラム分析に参加した国・地域は、体育・保健教育の改革における動機付けでもあり、望んでいる結果でもあるウェルビーイングについて、コミットメントを共有しつつ、多様な視点から生徒のウェルビーイングに言及している。

- **ウェールズ［イギリス］**では、「将来世代のウェルビーイング法（the Well-being of Future Generations）」（2015年）が公共政策の重要な推進力となっている。この法律では、教育機関や自治体が推進しなければならないウェルビーイングについて7つの目標が明示されている。ウェルビーイングの範囲が国や文脈によって異なるということが図解化されているが、具体的には以下の目標が示されている。「より健康なウェールズ（A healthier Wales）」「回復力のあるウェールズ（A resilient Wales）」「豊かなウェールズ（A prosperous Wales）」「グローバルな責任を果たすウェールズ（A globally responsible Wales）」「活気のある文化とウェールズ語が繁栄するウェールズ（A Wales of vibrant culture and thriving Welsh language）」「まとまりのあるコミュニティのウェールズ（A Wales of cohesive communities）」、そして「より平等なウェールズ（A more equal Wales）」である。
- **オーストラリア**では、例えば、体育・保健教育の内容はOECDのウェルビーイングフレームワークの11の指標すべてと関連しており、特に健康、生活への満足、安全と、ワークライフバランスとの間の強い関連性を報告している（コラム4.1）。このフレームワークは、ホリスティックなウェルビーイングの概念を取り入れており、人間もその一部となっている社会的、感情的、環境的、経済的なエコシステムの複雑性を示している。
- **中国**では、子供や青少年の健康やウェルビーイングがますます注目されている。政府は、近年の政策の優先事項として、体育・保健教育が生徒のウェルビーイングを促進するひとつの手段となっていることを報告している。

ウェルビーイングに対するアプローチの違いはあるものの、健康（身体的および精神的）のようなトピックは、ほとんどの国でウェルビーイングの概念の中心であり続けている。しかし、統計の結果は安心できるものではなく、傾向としては、1993年から2013年にかけて、体系的な身体活動への参加率が全般的に低下し、中等教育機関での体育への参加率が低下している（Bassett et al., 2015; Booth, Rowlands and Dollman, 2015）。

　したがって、教育政策では、特に思春期初期に、中程度から活発な身体活動をまったく行わないことによるウェルビーイングへの悪影響を減らし、定期的な身体活動を促進し、目的とすることで、身体活動をしなくなる傾向と生徒のウェルビーイングへの影響、さらに、生涯にわたって起こりうる影響についても考えていくことが望ましい。

コラム 4.1　OECDの「ウェルビーイングと進歩の測定フレームワーク」

　本調査に参加したいくつかの国・地域は、体育・保健教育が、OECDの「ウェルビーイングと進歩の測定フレームワーク」の指標の1つ以上と明確に結び付けられていると報告している。

図4.2　OECDにおけるウェルビーイングの枠組み

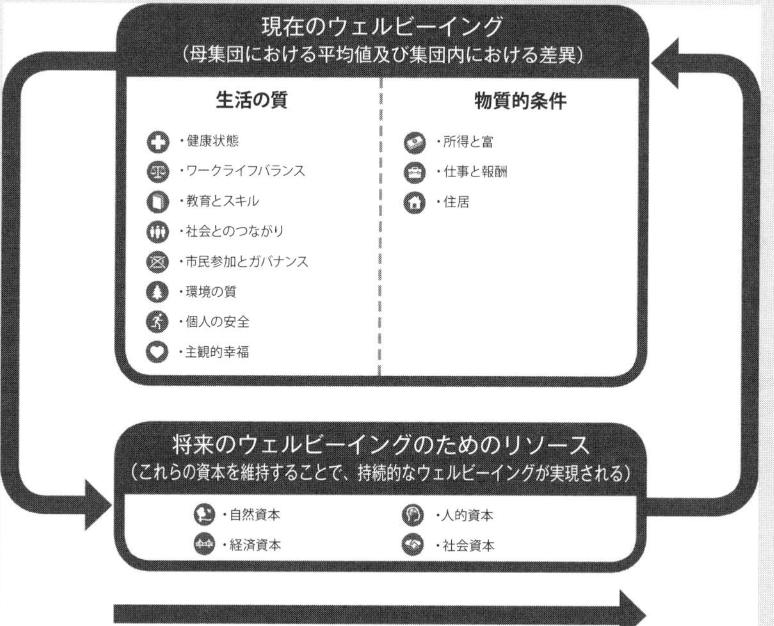

現在のウェルビーイング
（母集団における平均値及び集団内における差異）

生活の質
- ・健康状態
- ・ワークライフバランス
- ・教育とスキル
- ・社会とのつながり
- ・市民参加とガバナンス
- ・環境の質
- ・個人の安全
- ・主観的幸福

物質的条件
- ・所得と富
- ・仕事と報酬
- ・住居

将来のウェルビーイングのためのリソース
（これらの資本を維持することで、持続的なウェルビーイングが実現される）
- ・自然資本
- ・経済資本
- ・人的資本
- ・社会資本

出典：OECD (2017b), *How's Life? 2017: Measuring Well-being*, OECD Publishing, Paris, https://doi.org/10.1787/how_life-2017-en.

> このフレームワークは、8つの生活の質（Quality of Life）の指標（健康状態、ワークライフバランス、教育とスキル、社会とのつながり、市民参加とガバナンス、環境の質、個人の安全、主観的幸福）と3つの物質的条件（所得と富、仕事と収入、住居）を含む個人のウェルビーイングに関する11の側面から構成されている。
>
> これらの指標は、自然資本、人的資本、経済資本、社会資本など、将来のウェルビーイングのための資源である「持続可能性」の考え方に裏打ちされている。

出典：OECD（2017b）, How's Life? 2017: Measuring Well-being, OECD Publishing, Paris, https://doi.org/10.1787/how_life-2017-en.

体育・保健教育をすべての人に有効なものにする——体育カリキュラムをデザインする際の明確な原理として「包摂性（inclusiveness）」を強調する

　PISA調査では、学校外で中程度または活発な身体活動を行わないと回答した不利な立場にある生徒の割合は、行うと回答した有利な立場にある生徒の割合より4.5ポイント高いことが示されている（OECD, 2017a）。また、PISA調査では、不利な立場にある生徒が健康的な食生活の重要性をあまり認識していない可能性も示唆している。実際、社会経済的な要因は、生徒がどのような活動にアクセスできるか、あるいはそのための時間をどれだけ確保できるかを決定する重要な要因となることが多い。

　多くの不利な立場にある生徒にとって、教科体育は、体系的かつ指導者のもとでの身体活動に従事する唯一の機会である可能性が高い（OECD, 2017a）。課外活動へのアクセスを含めて、十分に設計された体育のカリキュラムは、身体活動への従事における不平等だけでなく、食事や生活習慣に関する知識の不平等を減らすことにも役立つのである。さらに、体育・保健教育のカリキュラムには、自律性や自制心を養う活動も含めることができる。これは、不利な立場にある生徒のエンパワーメントにとって、体育・保健教育が重要な領域であると言える（Laker, 2000; Bailey, 2006）。

　しかし、体育・保健教育のカリキュラムだけでは、健康や、社会的あるいは心理的なウェルビーイングが損なわれる恐れがある生徒をサポートすることはできない、ということを認識する必要がある。この意味で、コミュニティと協

働する中でカウンセリングをしていくホリスティック・アプローチが、生徒にとって有益である（Laker, 2000; Bailey, 2006）。

　また、体育・保健教育におけるジェンダー公正性の課題は特に重要である。女子生徒は男子生徒よりも中程度から活発な身体活動への参加が少ない傾向にあり（Froberg et al., 2017; McKenzie et al., 2006; Smith, Lounsbery and McKenzie, 2014; Viciana et al., 2017; Webber et al., 2008）、この課題はいくつかの国（**オーストラリア、イングランド［イギリス］、日本、韓国**）で報告されている。

　女子生徒の参加率の低さは、体育・保健教育がいくつかの国・地域で歴史的に「ジェンダー化」された科目であったことが背景にはあり、特に軍事的あるいは訓練ベースの体育のアプローチをルーツとしている国・地域ではその傾向にあると考えられる（Kirk, 2009）。例えば、**イングランド［イギリス］**のように、スポーツがカリキュラムの中で重要な役割を担っている国では、ISCED 2の段階で生徒を性別で分けることは珍しいことではない。ペニー（Penney, 2002）によると、女子生徒も男子生徒も、体育・保健教育の授業の中で、固定観念によるイメージや態度、行動を強化してしまっている。それは、「自分や他人の体についてどのように感じるべきか、誰が、いつ、何のために、どんな身体活動に正当に参加しうるのか」といった点である。ただし、体育におけるジェンダー問題に関して、何らかの要件あるいはガイドラインを出しているのは8か国・地域（44％）だけである（**中国、エストニア、韓国、ノルウェー、オンタリオ州［カナダ］、ポルトガル、スコットランド［イギリス］、トルコ**）。スイスでは、政策や法令は州によって異なっている（図4.3）。

　ジェンダーやインクルージョンのための方針やガイドラインがあり、ISCED 1とISCED 2の両方に適用されている国・地域は次のとおりである。

● **イングランド［イギリス］**では、近年、「#ThisGirlCan」といったメディアキャンペーンが行われている。これは、ソーシャルメディアのチャンネルを利用して、若い女性が活動的になるためのサポートをし、身体活動やスポーツ、体育の中で感じられる楽しさをアピールするものであった。

図4.3　体育におけるスタンダード、インクルージョン、ジェンダーに関する方針と法令

障害や特別なニーズを持つ生徒を含めることに関する要件やガイドラインはあるか？
体育におけるジェンダー問題についての要件やガイドラインはあるか？

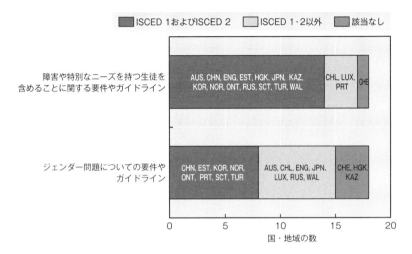

国・地域名：AUSオーストラリア；CHEスイス；CHLチリ；CHN中国；ENGイングランド［イギリス］；ESTエストニア；HGK香港［中国］；JPN日本；KAZカザフスタン；KOR韓国；LUXルクセンブルク；NORノルウェー；ONTオンタリオ州［カナダ］；PRTポルトガル；RUSロシア；SCTスコットランド［イギリス］；TURトルコ；WALウェールズ［イギリス］
注：香港［中国］、カザフスタン、ノルウェー、スイスは、これらの項目のうち1つ以上が該当しないことを示している。カザフスタンでは、ジェンダーに関するガイドラインは主題計画にまとめられている。スイスでは、政策と実践は州のレベルで異なっている。
出典：Education 2030 International Comparative Review of Physical Education questionnaire (2018). Curr. 1.6, 1.7 and 1.8.

● **韓国**では、女子生徒の体育・保健教育への関与を高めるために様々な研究が行われていることが報告されている。例えば、2016年に「体育・保健教育における女子生徒の参加の活性化（Activating female student engagement in PE/HE）」という政策に対して、各地方教育委員会に予算配分がなされた。この政策では、体育・保健教育における女子生徒のエンゲージメントを改善するための政策を実施する権限が学校に与えられた。必要かつ適切に予算を使用する柔軟性が担保されていたがゆえに、学校や体育・保健教育の教師は、様々なプログラムを開発することができるようになったと報告されている。

　ジェンダー公正性の課題は、労務面とも関連している。今回のカリキュラム分析の対象となった多くの国では、初等・中等教育において、女性教師の数が男性教師の数を上回っている。しかし、体育・保健教育の教師は男性の方が多い。女性の教師やロールモデルが少ないため、女子は、体育・保健教育を男性が中心となる科目として理解する可能性がある。望ましくないジェンダーギャップを変えるには、体系的な知識が必要である。その第一歩は、実践に関する情報を提供し、変革のための基礎となるようなレポーティング・システムを開発することである。

　ジェンダーに限らず、各国は障害や特別なニーズを必要とする子供たちの体育・保健教育における包摂性の推進に重点を置いている。参加した18か国・地域のうち14か国・地域（78％）が、障害や特別なニーズを持つ生徒の受け入れに関する要件あるいはガイドラインを規定している（**チリ、ルクセンブルク、ポルトガル**は報告せず、**スイス**では州レベルで規定）（図4.3）。

　その他、**オーストラリア、イングランド［イギリス］、日本、韓国**で報告されている、成績が下位の生徒の体育・保健教育への参加の保障や、性的問題やLGBT（レズビアン、ゲイ、バイセクシャル、トランスジェンダー）に関する教育を含む取り組みも、継続が必要な分野と言える。

　もし体育・保健教育において包摂性を推進したいのであれば、体育・保健教育カリキュラムの実施によって、多様な生徒の参加機会やアクセスを保障することが重要である（例：活動の種類についての適切な内容と焦点、十分な提供の形態、体育・保健教育の多様な教師像など）。そうすることで、現在、体育・保健教育にあまり興味を示さない生徒にとっても、より魅力的な学習分野となる可能性がある。同時に、体育・保健教育には、ジェンダーや障害に取り組むガイドラインを組み込むことが大切であり、生徒が参加を促し、ジェンダーの固定観念やジェンダーバイアスが強化されないように適切な活動の選択が重要である。

知見に富んだコンピテンシーベースのカリキュラムへの移行──体育・保健教育の主要概念に教科横断的なテーマとコンピテンシーを組み込む

　国・地域は、内容や能力開発に重点を置くかどうかによって、カリキュラムデザインの選択について様々な説明をしている。コラム4.2は、コンテンツとコンピテンシーベースのカリキュラムモデルについての一般的な説明をしている。これらは明確には分けられないが、各国・地域は最新のカリキュラムを大まかに以下のように説明している（表4.4）。

　1）コンテンツベースのアプローチ（a content-based approach）
　2）コンピテンシー／スキル／成果／経験ベースのアプローチ（a competency-/ skills-/ outcomes-/ experienced-based）
　3）混合アプローチ（a mixed approach）

　例えば、**ウェールズ［イギリス］**（2018年）、**日本**（2017年）、**韓国**（2015年）、**ノルウェー**の「ナレッジ・プロモーション・リフォーム（Knowledge Promotion Reform）」（2006年）、**ルクセンブルク**（2009年）は、体育・保健教育のカリキュラム改革を通じて、コンテンツベースからコンピテンシーベースあるいは成果ベースのカリキュラムに再設計したと報告している。

● **オーストラリア**（2015年）、**イングランド［イギリス］**（2014年）、**ロシア**（2017年）は、よりコンテンツ重視のカリキュラムへの再設計となっている。**ロシア**はさらに、生徒エージェンシーを高め、学校での体育・保健教育と学校外での課外身体活動を柔軟に選択できるなど、体育・保健教育の個別最適化を進める動きを示している。

表4.4　カリキュラム改革のスケジュールとデザインの選択

国内のケーススタディを寄稿した国・地域の中で、最新のカリキュラム改革と今後のカリキュラム設計はどのようなものか？

		最新の体育・保健教育のカリキュラム改革が行われた年	カリキュラムが重視するデザインコンセプト、すなわちコンテンツベース、コンピテンシーベース、両方、またはその他	次回の体育・保健教育のカリキュラム改革・改訂の予定は？改革は進行中か？
OECD加盟国・地域	オーストラリア	2015	コンテンツ	継続的なモニタリングと改訂、2021年に正式な見直し
	チリ	2015	スキル	無回答
	イングランド[イギリス]	無回答	コンテンツ	無回答
	エストニア	2014	コンテンツ	継続中
	日本	2016	コンピテンシー／成果	継続中、2019/20に改訂予定
	韓国	2017	コンピテンシー	無回答
	ルクセンブルク	2015	コンピテンシー	無回答
	ノルウェー	2009	アウトカム	無回答
	オンタリオ州[カナダ]	2015	コンピテンシー／成果	進行中の改訂作業は、2020年に終了予定
	ポルトガル	2001	スキル	無回答
	スコットランド[イギリス]	2010	経験／成果	次の改革・改訂を継続中
	スイス	無回答	州により異なる	無回答
	トルコ	無回答	コンピテンシー	継続中（2023年終了予定）
	ウェールズ[イギリス]	2008	コンピテンシー	継続中、2018年9月より実施予定のカリキュラム
パートナー国・地域	中国		コンテンツ	無回答
	香港[中国]	2017	ミックス	無回答
	カザフスタン			
	ロシア	2017	コンテンツ	無回答

注：この表には、国内のケーススタディを寄稿した国・地域のみが含まれている。オンタリオ州[カナダ]の2015年の初等保健体育カリキュラムへの言及は、本レポートのデータ収集後の2019年にオンタリオ州の初等保健体育（Ontario's elementary Health and Physical Education）の更新版が発行されたため、最新のものではない。
出典：国内ケーススタディ。

コンピテンシーベースとコンテンツベースのカリキュラムの選択

　コンピテンシー重視のカリキュラムは、大まかに言えば、「伝統的に定義された内容に関して、学習者が，何を学ぶかが期待されているかに主眼を置くのではなく，学習プロセスの複雑な成果（学習者が適用すべき知識、スキル、態度）を重視するカリキュラムのこと」(International Bureau of Education, n.d.) と定義できるであろう。コンピテンシーベースのカリキュラムは、基準準拠であり、目標志向であり、生徒や学校の状況に柔軟に対応するものである。

　コンテンツまたは教科重視のカリキュラムとは、内容が言語、数学、社会科などの個別の異なる教科または分野に分かれているカリキュラムのモデルである。「コンテンツベース」あるいは「教科ベース」という言葉は、数学や歴史などの伝統的な教科から、メディア教育や情報通信技術（ICT）などの新しい教科までのすべてをカバーするものである。

　OECD Education 2030 ワーキンググループは、各国が通例「コンテンツベースのカリキュラム」と「コンピテンシーベースのカリキュラム」という誤った二項対立のように受け取っている、ということを明らかにしており、このことは極めて重要である。コンピテンシーの効果的な育成には、知識（＝コンテンツ、概念）、スキル、態度、価値観の育成が必要である。OECD Education 2030 プロジェクトの会議（2019年5月）でカナダのブリティッシュ・コロンビア州が報告したように、「コンセプト主導、コンピテンシーベースのカリキュラム」(concept-driven, competency-based curriculum) という統合モデルが現れ始めている。

　今日のカリキュラム改革において各国が共通して直面する課題のひとつは、オーバーロードとなっているカリキュラムに、新たなキーコンピテンシーやテーマをどのように組み込むかである。

教科横断的なコンピテンシーを取り入れるための方略

　図4.4に見られるように、多くの国・地域が体育・保健教育をプラットフォームとして、教科横断的なコンピテンシーやスキルの育成を取り入れ始めている。

- 教科横断的なコンピテンシーやリテラシーに関しては、8つの国・地域が体育・保健教育に情報通信技術（ICT）やデジタルコンピテンシーを、また5つの国・地域が数的能力、3つの国・地域が読み書き能力を組み込むことを期待している。
- 体育に関連すると思われる特定のスキルや価値観については、8つの国・地域が、自信、尊敬、モチベーション、メタ認知といった個人的・社会的スキルを、5つの国・地域が倫理、公正、平等を、6つの国・地域が創造的／批判的思考、問題解決スキルといった認知スキルを、体育・保健教育に取り入れることを期待している。

教科横断的なテーマを取り入れるための方略

　大多数の国や地域（72%）では、体育のカリキュラムは他の教科横断的なテーマ（例：ウェルビーイング、テクノロジー）や生物、物理、地理などの科目のキーコンセプトと関連することが期待されている。以下では、体育・保健教育と教科横断的なテーマとの相互関係を示している（図4.4）。

- 教科横断的なテーマ[7]の分野では、7つの国・地域が、体育・保健教育に「シティズンシップ、民主的価値観、国民性の概念」を取り入れることを期待し、6つの国・地域は「ウェルビーイング、栄養、生活の質（QOL）」を取り入れ、さらに5つの国・地域は「倫理、公正、平等」を報告し、4つの国・地域は「環境の持続可能性」を取り入れている。
- 他の教科については、6つの国・地域が体育・保健教育に「文化、歴史、言語」、6つの国・地域が「地理、生物、化学、物理を含む科学」を取り入れることを期待している。

---

7. いくつかの国・地域で、教科横断的なテーマは、体育・保健教育のカリキュラムとして記載されているのではなく、補足文書に記載されている場合もある。その文書には、全体のカリキュラムにまたがって育成するコンピテンシーについて触れられている。

図4.4　体育・保健教育における教科横断的なテーマ

グループ	テーマ	国・地域							
教科横断的なテーマ	シティズンシップ、民主的価値観、国民性の概念	CHL	EST	LUX	RUS	SCT	TUR	WAL	
	ウェルビーイング、栄養、生活の質（QOL）	AUS	CHL	CHN	PRT	RUS	SCT		
	倫理、公正、平等	AUS	ONT	CHN	EST	SCT			
	環境の持続可能性	AUS	ONT	CHN	RUS				
教科横断的なコンピテンシーとリテラシー	ICTとデジタルリテラシー	AUS	ONT	ENG	EST	NOR	SCT	TUR	WAL
	数的能力	AUS	EST	NOR	SCT	TUR			
	読み書き能力	AUS	NOR	SCT					
他の教科	文化、歴史、言語	AUS	EST	KAZ	RUS	SCT	TUR		
	地理、生物、化学、物理を含む科学	AUS	ENG	EST	KAZ	SCT	TUR		
体育に関連する価値観やスキル／具体的なスキルや価値観	個人的・社会的スキル（他者尊重、信頼、規範の尊重）	AUS	CHN	EST	LUX	NOR	PRT	SCT	TUR
	認知的スキル（創造的／批判的思考、問題解決能力、イノベーション）	AUS	CHN	EST	SCT	TUR	WAL		

0　1　2　3　4　5　6　7　8　9
国・地域の数

国・地域名：AUSオーストラリア；CHEスイス；CHLチリ；CHN中国；ENGイングランド［イギリス］；ESTエストニア；HGK香港［中国］；JPN日本；KAZカザフスタン；KOR韓国；LUXルクセンブルク；NORノルウェー；ONTオンタリオ州［カナダ］；PRTポルトガル；RUSロシア；SCTスコットランド［イギリス］；TURトルコ；WALウェールズ［イギリス］
注：体育の国際比較レビューで収集した自己申告の教科横断的テーマ・科目であるため、OECD Education2030 ラーニングフレームワークやカリキュラムコンテンツマッピングの結果とは異なる。
出典：Education 2030 International Comparative Review of Physical Education questionnaire（2018）.

学校でダイナミックな体育を実現するために

カリキュラムと現実のギャップへの対応——目標、教育方法、評価を一致させ、特に教育方法の改善や評価の工夫としてICTを活用する

　リーブス（Reeves, 2006）は、「学習環境の成功は、8つの重要な要素がどの程度調和しているかが大切である。それらは、1）目標、2）内容、3）指導のデザイン、4）学習者への課題、5）教師の役割、6）生徒の役割、7）テクノロジーの性質や機能、8）アセスメント」（Reeves, 2006, p. 294）と述べている。これらのうち、教育現場で最も共通してギャップが生じるのは、アセスメントである（Reeves, 2006）。

　各国では、目標と結果のズレ、つまり「カリキュラムギャップ」を経験している。例えば、アメリカ保健福祉省（US Department of Health and Human Services, 2012）は、意図した心理的・情意面での成果（書面または公式カリキュラムに記録されている）と多くの体育・保健教育プログラムで経験する現実とは必ずしも一致しない場合があると報告している。この「カリキュラムギャップ」は、生徒の自尊心の低さ、協調性に対する意識の欠如によるものかもしれない。また、生徒中心のアプローチの欠如により、生徒が参加を強制され、身体活動の場で不快感や不安を感じている結果によるものかもしれない（OECD, 2017a）。

　この点において、教師による教育学的アプローチは、極めて重要であるといえる。なぜなら、あらゆる学校の領域（school domain）に対する生徒の参加に良い影響を与えるからである（Camiré, Trudel, and Forneris, 2012; Goudas and Giannoudis, 2008, 2010; Mandigo, Corlett and Ticas, 2016）。一貫してポジティブな結果を得るためには、関係を構築すること（relationship building）、指導をすること（teaching）、効果的な計画を立てること（effective planning）が必要である。この意味で、スクールリーダーや教師が、生徒の心理的ウェルビーイングを中心として、体育の授業やその他の身体活動をデザイ

ンできるかどうかが重要である（Collingwood et al., 2000）。

　これはコンピテンシーベースのデザインや多様な学習成果の考え方を取り入れながら将来を見据えた体育・保健教育のカリキュラム（forward-looking curricula）改革に着手しようとしている国にとって特に重要である。カリキュラムの中で学習成果は、広い目標として規定されているが、教育方法や指導、評価については、いまだ再設計が必要である。

　伝統的に、軍事訓練的な体育と病原性アプローチ（pathogenic approach）による保健教育がカリキュラム開発に影響を与え、学習成果が曖昧なままであった（Kirk, 2009; Redelius, Fagrell and Larsson, 2009）。その結果、教師は学習目標や目的を明確にしておらず、生徒は授業中に何を学べばよいのかわからないという事態を招くことになっていた（Annerstedt and Larsson, 2010; Kirk, 2009; Larsson and Nyberg, 2016; Redelius, Quennerstedt and Øhman, 2015）。

　また、体育・保健教育におけるアセスメントは、生徒の個人的、社会的、情意的な成果よりも、スポーツや身体的な達成度など、テストによって測定しやすいものに焦点が伝統的に当てられてきた（López-Pastor et al., 2013）。しかし、将来を見据えたカリキュラムの導入にともなって、体育・保健教育におけるアセスメントへの新しいアプローチが生まれつつある。

　テクノロジーや機器の利用が増えることは、より広く社会的な傾向となっているが、子供や若者のセデンタリーライフスタイル（座りっぱなしの生活）や不十分な身体活動といった危険な状況を引き起こしている。しかし、テクノロジーとICTが学校での体育・保健教育を改善するための解決策の一部になり得るという面もある。問題は、それらをいつ、どのように使うかである（Dumont, Istance and Benavides, 2010）。研究から得られた新たな例としては以下のようなものがある。

- 学習者中心のアプローチを促進する。特にモチベーションなどの重要な感情やコンピテンシーの役割を促進する（OECD, 2013）。
- ゲーミフィケーションのような革新的なアプローチで、生徒のエンゲージメン

トを改善する。

● フィットネスやトラッキング機器によって収集されたパーソナルデータを使って、生徒の体験やフィードバックの差異化をする（OECD, 2013）。

● パーソナルなフィットネスやトラッキング機器は、生徒の習慣や行動を変化させる。コンピュータ（モバイルデバイスの使用を含む）による介入が、個人のデータのフィードバックやニーズ、好み、行動変容の計画準備に対応する際、より高いレベルの身体活動を促進し、健康や栄養を改善し、喫煙などのリスクのある行動を減らす上で効果的であることが明らかとなっている（Aston, 2018; Civljak et al., 2013; Smedslund, 2017）。

これに伴い、**イングランド［イギリス］、日本、韓国、ノルウェー、ロシア**は、ICTやデジタルテクノロジーを体育・保健教育の中でさらに発展させ、取り入れる可能性のある分野として挙げている。例としては以下のようなものが挙げられる。

● 身体活動、睡眠、栄養摂取のレベルを観察するためのウェアラブル端末（例えば、「fitbit（フィットビット）」、歩数計、個人の携帯電話内の健康・フィットネスアプリ、その他の運動／睡眠トラッキング機器）など、生徒の身体活動や食習慣に関する理解を促進するために、体育・保健教育の中でICTや個人用機器をどのように利用できるか検討すること。

● 練習や技術を記録、再生できるタイムラプスビデオ（タイミングセンサーなど）を活用すること。

● 体育・保健教育のための学校施設や教育機器の一部にVR（仮想現実）、AR（拡張現実）、AI（人工知能）を活用すること。

教師のエージェンシーとウェルビーイングを大切にし、地域との責任の共有を支援する

生徒にとって最も利益となるのは、生徒のニーズを最もよく知る教師が学習

環境をデザインしながら、エージェンシーを柔軟に発揮できるときである。この意味で、国・地域は教師がエージェンシーを発揮し、意思決定ができるように自律性を認めることが重要である。さらに、教師自身の置かれている状況を踏まえつつ、生徒にとって最も適切な内容、教育方法、あるいは評価について、十分な情報を得た上で、教師が意思決定できるように支援することも必要である。この動きに伴い、いくつかの国では、カリキュラムの実施を教育エコシステム（educational ecosystem）に適応させるために、教師のエージェンシーを支援する動きが強まっていると報告している（**オーストラリア、ノルウェー、オンタリオ州［カナダ］**）。

　多くの状況において、教師エージェンシーモデルの意図しない結果として教師の負担が増加している場合もあることに注意する必要がある。例えば、**日本**では、体育・保健教育の教師が新しいカリキュラムを授業に反映させたり、同時に課外活動を担当したりすることで、教師の燃え尽きの懸念が高まっているという。

　学校全体だけでなく、学校外の地域も巻き込んだ「責任の共有」というコンセプトを打ち出すことは、教師のウェルビーイングを保障するためにも重要なことである。また、同時に、教育エコシステムと密接に関わり合いながら、教師のエージェンシーを発揮することにもつながる。そうすることで、教師は、カリキュラムをうまく実施していくために、外部リソースを利用できるようになるはずである。例えば、地域施設や地域人材などの外部リソースである。こうした考え方は、出生率の低下を背景として体育・保健教育の教師を雇用したり、各学校に体育関連の施設を整備することが難しいようなへき地では特に必要なことである。

　そのため、教師、地域、学校には、教師のエージェンシーやウェルビーイング、さらには地域との責任の共有といった点を支えるためのリソースが与えられるかが重要である。例えば、そのようなリソースとして次のようなものがある。

- **カリキュラムの実施を支援するリソース**：学校レベルで使えるような達成基準、授業例、教育方法のガイドラインは、教師がエージェンシーを最大限発揮する上で役に立つ。

- **専門研修**：より広い目標を持つカリキュラムになればなるほど、教師が教科のカリキュラムを実施するのに必要なスキルを確実に身に付けるために、より高度なレベルでのスタッフの専門的能力の開発が必要であると各国は報告している。同様に、体育・保健教育の授業や課外活動に地域住民が参加する場合、生徒の安全など重要なテーマについて地域住民をトレーニングする機会も重要である。

- **ベストプラクティスの共有のための仕組み**：ピアラーニングやベストプラクティスの共有を促進するための「知識仲介の仕組み（knowledge-broker mechanisms）」は、カリキュラムデザインの改革を実践に移していくためにも、また、教師が教育的エコシステムと密接に関わっていくためにも必要となる。

新たなビジョンに向かって体系的な変革のための知識ベースの構築

実施状況のモニタリング——特に生徒のウェルビーイングへの焦点化と、新しいカリキュラムの内容、教育方法、アセスメントのパイロット的な実施

　新しいカリキュラムの内容や教育方法やアセスメントが授業に導入されたとき、常に効果があるわけではなく、また、広げていくことも困難であると国・地域が報告しているのはよくあることである。この意味では、事前にパイロット的に実施をして、モニタリングをしておく、という仕組みをとることは、新しいカリキュラム改革には有益である。

- 新しいカリキュラムの内容、教育方法、アセスメントをパイロット的に実施することで、それを広げていく前に、効果が見られていないアプローチを除外できる。
- モニタリングとアセスメントの仕組みがあることで、新しいカリキュラムの内

容、教育方法、アセスメントについてのアプローチの有効性を追跡することができる。

しかし、カリキュラムがどのように学校に伝達されたかを確認するために、パイロット的な実施、あるいは評価・質保証のプロセスを実施していると報告する国・地域はごくわずかであった。

- **オーストラリア**では、カリキュラム・アセスメント・レポート機構（Australian Curriculum, Assessment and Reporting Authority［ACARA］）がカリキュラムの実施状況をモニタリングし、問題があればそれを記録して、正式なカリキュラムの見直しの際に検討するようにしている。体育・保健教育の次回の見直しは2021年に予定されている。2004年以降、生徒のウェルビーイングやエンゲージメントに関するモニタリングとレポートが、国の教育課題として取り上げられている。
- **ウェールズ［イギリス］**では、ウェールズ政府の後援を受け、身体活動とスポーツの開発と普及を担当する国家機関であるスポーツウェールズ（Sport Wales）は、生徒、そして体育及び学校でのスポーツ機会の提供をしている教師を対象として「学校スポーツ調査（School Sport Survey）」を実施している。この調査では、生徒の学校でのスポーツや地域スポーツへの参加態度や参加状況に注目し、ウェールズ全土の学校における体育・スポーツ活動の取り組みに関するデータを収集している。

モニタリングの仕組みは、生徒の安全やジェンダー指標など、生徒のウェルビーイングのための主要分野に関する方向性を示すことにもなる。これにより、国・地域は、授業での実践が生徒のウェルビーイングにどのように寄与しているかについて、詳細なデータを得ることができ、将来の改革に役立つ。

しかし、モニタリングシステムを導入する際に考慮すべき重要な点のひとつは、多くの学校がすでに抱えている役所的な煩雑な手続きによる負担を見直す

表4.5　エビデンスのギャップとさらなる発展に向けた領域

今後の研究領域	今後の研究テーマ・方向性
体育・保健教育におけるエビデンスに基づく政策とカリキュラム	● 専門部会において、体育カリキュラムの影響を明らかにし、エビデンスに基づく政策の開発に役立てるためのより多くの研究、特に縦断的研究とより包括的なメタ分析（Cook and Kohl, 2013; Alvarez-Bueno et al., 2017b; Fedewa and Ahn, 2011; Sibley and Etnier, 2003） ● 幼少期以降および成人期における身体的健康、発達、媒介（mediators）との因果関係に関する研究（Aston, 2018）
体育・保健教育における関連性についての研究	● 身体的、生活習慣的、社会的、健康的、認知的な成果間の関係／発達過程に関する研究 ● 身体活動、体力、学力、社会経済的地位との関係に関する研究（Biddle and Asare, 2011, Efrat, 2011）；特に、数学、読解力、その他の言語関連スキルに関する教科以外の教科（Alvarez-Bueno et al., 2017a） ● いくつかの特定グループの生徒における身体活動の影響に関する研究。例えば、マイノリティの背景や接近困難（hard-to-reach）な家庭を持つ子供、LGBTの子供など、精神的な健康問題を経験し、不適切なリスクに直面している子供など（McConnell、2018）
学校での体育・身体活動に関するインクルージョンストラテジー	● インクルーシブ体育カリキュラムと指導方略、および体育、身体活動、課外スポーツにおいて目立たないグループの参加を増やすための学校レベルでの介入に関する研究、具体的な障害と誘因の特定
体育・保健教育における革新的な教育方法とアセスメントの成果	● 特に子供や若者の身体活動レベルを向上させ、前向きな行動変化を促進するためのテクノロジーの影響（Aston, 2018）

ことである。その意味では、モニタリングシステムを教科ごとにするのではなく、効率的にアプローチすることが有効である。

体育・保健教育における知識のギャップを埋める――体育のカリキュラムデザインをよりエビデンスに基づいたものにする

　体育、身体活動、子供・青少年の成果に関するエビデンスは蓄積されつつあるが、それでもカリキュラム比較研究の中では、未開拓の分野のままでもある。カリキュラム分析に参加した国・地域から提供された経験や専門知識を踏まえた文献調査を見ると、エビデンス間に重大なギャップがあるものもあり、今後さらなる発展や研究に向けて優先すべき領域があることを示している（表4.5）。これまで続いてきたような政治的・イデオロギー的な議論に焦点を当てるよりも、今後の研究こそ、生徒のエージェンシーとウェルビーイングを重視し、体育・保健教育カリキュラム開発プロセスをより体系的かつエビデンスに基づいたものにすることに貢献するものになるであろう。

参考文献・資料

Alvarez-Bueno, C. et al.（2017a）, "The effect of physical activity interventions on children's cognition and meta-cognition: A systematic review and meta-analysis", *Journal of the American Academy of Child and Adolescent Psychiatry*, Vol. 56/9, Elsevier, New York, pp. 729-738, https://doi.org/10.1016/j.jaac.2017.06.012.

Alvarez-Bueno, C. et al.（2017b）, "Academic achievement and physical activity: A meta-analysis", *Pediatrics*, Vol. 140/6, Elsevier, New York, pp. 1-14, https://doi.org/10.1542/peds.2017-1498.

Annerstedt, C. and H. Larsson（2010）, "I have my own picture of what the demands are..." Grading in Swedish PEH - problems of validity, comparability and fairness, *European Physical Education Review*, 16(2) 97-115.

Aston, R.（2018）, "Physical health and well-being in children and youth: Review of the literature", *OECD Education Working Papers*, No. 170, OECD Publishing, Paris, https://doi.org/10.1787/102456c7-en.

Bailey, R.（2006）, "Physical education and sport in schools: A review of benefits and outcomes", *Journal of School Health*, https://doi.org/10.1111/j.1746-1561.2006.00132.x.

Bassett, D. R. et al.（2015）, "Trends in physical activity and sedentary behaviors of United States youth", *Journal of Physical Activity and Health*, http://doi.org/10.1123/jpah.2014-0050.

Bauman, A.E. et al.（2012）, "Correlates of physical activity: why are some people physically active and others not?", *The Lancet*, Vol. 380/9838, pp. 258-71, http://dx.doi.org/10.1016/S0140-6736(12)60735-1.

Booth, V. M., A. V. Rowlands and J. Dollman（2015）, "Physical activity temporal trends among children and adolescents", *Journal of Science and Medicine in Sport*, https://doi.org/10.1016/j.jsams.2014.06.002.

Centers for Disease Control and Prevention（2010）, "The association between school based physical activity, including physical education, and academic performance", US Department of Health and Human Services, https://www.cdc.gov/healthyschools/pecat/pa-pe_paper.pdf.

Civljak, M. et al.（2013）, "Internet-based interventions for smoking cessation", *Cochrane Database of Systematic Reviews*, https://doi.org/10.1002/14651858.CD007078.pub4.

Dumont, H., D. Istance and F. Benavides（eds.）（2010）, *The Nature of Learning: Using Research to Inspire Practice*, Educational Research and Innovation, OECD

Publishing, Paris, https://doi.org/10.1787/9789264086487-en.（『学習の本質：研究の活用から実践へ』OECD教育研究革新センター編著、立田慶裕・平沢安政監訳、佐藤智子［ほか］訳、明石書店、2013年）

European Union（2013）, *Physical Education and Sport at School in Europe*, Education, Audiovisual and Culture Executive Agency（European Commission）and Eurydice（Education, Audiovisual and Culture Executive Agency）, https://doi.org/10.2797/49648.

Fedewa, A. L. and Soyeon Ahn（2011）, "The effects of physical activity and physical fitness on children's achievement and cognitive outcomes: A meta-analysis", *Research Quarterly for Exercise and Sport, Taylor and Francis*, New York, Vol. 82/3, pp. 521-535, https://doi.org/10.5641/027013611X13275191444107.

Froberg, A. et al.（2017）, "Levels of physical activity during physical education lessons in Sweden", *Acta Paediatrica（Oslo, Norway : 1992）*, https://doi.org/10.1111/apa.13551.

ICHPER（1971）, "Proceedings of the 13th ICHPER Congress", *13th International Congress of the ICHPER*, International Council for Health, Physical Education, Recreation, Washington DC, pp. 2-189.

International Bureau of Education（n.d.）, "Competency-based curriculum", http://www.ibe.unesco.org/en/glossary-curriculum-terminology/c/competency-based-curriculum.

Jackson, W. M. et al.（2016）, "Physical activity and cognitive development: A meta-analysis", *Journal of Neurosurgical Anesthesiology*, Vol. 28/4, Wolters Kluwer Health, Alphen aan den Rijn, pp. 373-380, https://doi.org/10.1097/ANA.0000000000000349.

Kirk, D.（2009）, *Physical Education Futures*, Routledge, London, https://doi.org/10.4324/9780203874622.

Laker, A.（2002）, *Beyond the Boundaries of Physical Education: Educating Young People for Citizenship and Social Responsibility*, Routledge, London.

Larsson, H., and G. Nyberg, G.（2016）, "'It Doesn't Matter How They Move Really, as Long as They Move.' Physical Education Teachers on Developing Their Students' Movement Capabilities", *Physical Education and Sport Pedagogy*, 22:2, 137-149, https://doi.org/10.1080/17408989.2016.1157573.

López-Pastor, V.M. et al.（2013）, "Alternative assessment in physical education: A review of international literature", *Sport, Education and Society*, 18（1）, 57-76.

Lynch, T. and G. J. Soukup（2016）, "Physical education, 'health and physical education', 'physical literacy' and 'health literacy': Global nomenclature confusion", *Cogent Education*, https://doi.org/10.1080/2331186X.2016.1217820.

McConnell, E. (2018), *Multiple Minority Stress and LGBT Community Resilience among Sexual Minority Men*, NBCI, https://www.ncbi.nlm.nih.gov/pmc/articles/PMC5846479/.

McKenzie, T. L. et al. (2006), "Girls' activity levels and lesson contexts in middle school PE: TAAG baseline", *Medicine and Science in Sports and Exercise*, https://doi.org/10.1249/01.mss.0000227307.34149.f3.

OECD (2017a), *PISA 2015 Results (Volume III): Students' Well-Being*, OECD Publishing, Paris, https://doi.org/10.1787/9789264273856-en.

OECD (2017b), *How's Life? 2017: Measuring Well-being*, OECD Publishing, Paris, https://doi.org/10.1787/how_life-2017-en.（『OECD幸福度白書4：より良い暮らし指標：生活向上と社会進歩の国際比較』OECD編著、西村美由起訳、明石書店、2019年）

OECD (2013), *Innovative Learning Environments*, Educational Research and Innovation, OECD Publishing, Paris, https://doi.org/10.1787/9789264203488-en.（『学習の環境：イノベーティブな実践に向けて』OECD教育研究革新センター編著、立田慶裕監訳、杉野竜美［ほか］訳、明石書店、2023年）

Patalay, P. et al. (2016), "Mental health provision in schools", *Child and Adolescent Mental Health*, 21 (3), 139-147.

Penney, D. (2002), *Gender and Physical Education: Contemporary Issues and Future Directions*, Routledge, London.

Pez, O. et al. (2013), *The School Children Mental Health Project: Phase 2: The School Survey*, SCMHE Group, Paris.

Redelius, K., M. Quennerstedt and M. Øhman (2015), "Communicating aims and learning goals in physical education: Part of a subject for learning?", *Sport, Education and Society*, ISSN 1357-3322, E-ISSN 1470-1243, Vol. 20, no 5, p. 641.

Redelius, K., B. Fagrell and H. Larsson (2009), "Symbolic capital in physical and health education: To be, to do or to know? That is the gendered question", *Sport, Education and Society*, 14: 2, 245-260, https://doi.org/10.1080/13573320902809195.

Reeves, T. C. (2006), "How do you know they are learning? The importance of alignment in higher education", *International Journal of Learning Technology*, Vol. 2, Issue 4, pp. 294-309.

Roblin, L. (2007), "Childhood obesity: Food, nutrient, and eating-habit trends and influences", *Applied Physiology, Nutrition, and Metabolism*, https://doi.org/ 10.

1139/H07-046.

Sibley, B. A. and J. L. Etnier（2003）, "The relationship between physical activity and cognition in children: A meta-analysis", *Pediatric Exercise Science*, Vol.15/3, North American Society of Pediatric Exercise Medicine, Human Kinetics, Champaign, pp. 243-256, https://doi.org/10.1123/pes.15.3.243.

Smedslund, G.（2017）, "Effects of early, computerised brief interventions on risky alcohol use and risky cannabis use among young people", *Campbell Systematic Review*, No. 6, www.campbellcollaboration.org.library/computerised-interventions-youth-alcohol-cannabit-use.html.

Smith, N. J., M. A. F. Lounsbery and T. L. McKenzie,（2014）, "Physical activity in high school physical education: Impact of lesson context and class gender composition", *Journal of Physical Activity and Health*, https://doi.org/10.1123/jpah.2011-0334.

Suhrcke, M., D. Pillas and C. Selai（2008）, *Economic Aspects of Mental Health in Children and Adolescents: Social Cohesion for Mental Well-Being among Adolescents*, WHO Regional Office for Europe, Copenhagen.

UNESCO（United Nations Educational, Scientific and Cultural Organization）（2015）, *Quality Physical Education: Guidelines for Policy Makers*, UNESCO, Paris, http://unesdoc.unesco.org/images/0023/002311/231101E.pdf.

UNESCO（2009）, *International Technical Guidance on Sexuality Education: An evidence-informed approach for schools, teachers and health educators*, UNESCO, Paris, https://unesdoc.unesco.org/ark:/48223/pf0000183281.

UNESCO（1978）, *International Charter of Physical Education, Physical Activity and Sport*, UNESCO, Paris, http://www.unesco.org/new/en/social-and-human-sciences/themes/physical-education-andsport/sport-charter/.

US Department of Health and Human Services（2012）, *Physical Activity Guidelines for Americans Midcourse Report: Strategies to Increase Physical Activity among Youth*, US Department of Health and Human Services, https://health.gov/paguidelines/midcourse/.

Vazou, S. et al.（2016）, "More than one road leads to Rome: A narrative review and meta-analysis of physical activity intervention effects on cognition in youth", *International Journal of Sport and Exercise Psychology*, Taylor and Francis, New York, Vol. 14, https://doi.org/10.1080/1612197X.2016.1223423.

Viciana, J. et al.（2017）, "Effect of two alternated teaching units of invasion team sports on the tactical learning in primary schoolchildren", *International Journal of Performance Analysis in Sport*, https://doi.org/10.1080/24748668.2017.1331575.

Watson, A. et al. (2017), "Effect of classroom-based physical activity interventions on academic and physical activity outcomes: A systematic review and meta-analysis", *International Journal of Behavioural Nutrition and Physical Activity*, Vol. 14/1, BioMed Central, London, pp. 114 (24 pages), https://doi.org/ 10.1186/ s12966-017-0569-9.

Webber, L. S. et al. (2008), "Promoting physical activity in middle school girls: Trial of activity for adolescent girls", *American Journal of Preventive Medicine,* https://doi.org/10.1016/j.amepre.2007.11.018.

World Health Organization (2015), *Injuries and violence: The facts 2014*, WHO, Geneva, http://apps.who.int/iris/bitstream/10665/149798/1/9789241508018_eng. pdf?ua=1&ua=1&ua=1.

Zhang, Y. et al. (2015), "Association between physical activity and teacher-reported academic performance among fifth-graders in Shanghai: A quantile regression", *PLoS ONE*, Vol. 10/3,http://dx.doi.org/10.1371/journal.pone.0115483.

付録A
方法論

　体育・保健教育のカリキュラムの比較をしてグローバルに理解を進めていく上で、OECDチーム、プロジェクトの専門家、パートナー地域は共同して3つの課題に取り組んだ。それは、参加国・地域が、体育・保健教育カリキュラムに関するデータをさらに活用できるようにするためでもある。これらの取り組みは以下のとおりである。

　1）体育の国際比較分析
　2）国及び地域のケーススタディ
　3）体育における革新的で未来志向の実践例

　体育の国際比較分析にあたっては、参加国・地域の体育政策、カリキュラム、実践、展望といった、様々な情報を生成できるよう、実態調査のアンケートをしている。

体育・保健教育の国際カリキュラム比較アンケートの対象国・地域の一覧

OECD加盟国・地域
オーストラリア、チリ、イングランド［イギリス］、エストニア、日本、韓国、ルクセンブルク、ノルウェー、オンタリオ州［カナダ］、ポルトガル、スコットランド［イギリス］、スイス、トルコ、ウェールズ［イギリス］

非OECD加盟国・地域
中国、香港［中国］、カザフスタン、ロシア

　次にこうした国・地域から推薦された専門家には、オリジナルなケーススタディを提出してもらい、国際比較分析のアンケートから得られた事実を補完してもらった。それにより、様々な制度を踏まえつつ、体育カリキュラム、政

策、改革に関する質的な知見を得ることができた。

ケーススタディを寄稿した国・地域の一覧

OECD加盟国・地域
オーストラリア、イングランド［イギリス］、日本、韓国、ルクセンブルク、ノルウェー、オンタリオ［カナダ］、ポルトガル、ウェールズ［イギリス］

非OECD加盟国・地域
中国

　3点目の調査は、体育の分野で優れた革新的な実践や政策を紹介するストーリーや物語を世界中から集めた。

付録B
体育が認知的成果に与える影響に関する
メタデータ分析

付録Bでは、本書にエビデンスを提供するために実施したアドホックなメタデータ分析の結果を示している。この分析では、身体活動（PA）の役割に焦点を当てつつ、体育（PE）が認知的成果に与える影響に関する既存のエビデンスをまとめて示している。

1　主要な分析結果

- 身体活動は、認知的発達や学業成果を阻害するものではなく、特に数学と読解における認知的な学業成果を向上させることさえある。
- 教科体育は、他の教科や休み時間に積極的に身体活動を組み込むよりも、認知的な効果を高める効果がある。
- 教科体育は数学と読解力の両方に効果があるが、他の教科に身体活動を取り入れたり、活発な休み時間を過ごすことは数学の成績のみを向上させる。
- 身体活動量の増加という点と、身体活動課題（physical activity tasks）に関する認知的側面の要求の増加という点とでは、それぞれ違った認知的スキルに恩恵をもたらす。包括的に認知的側面の発達を促進するには、このいずれもが必要である。
- 有酸素運動は、認知的能力と学業成績の両方を高めるのに最も効果的な身体活動のひとつである。
- 身体活動の介入は、座学の教科の介入と比較すると、より認知的な側面の発達を促進する。
- 学業成績に最適な効果をもたらすのは、週3回の運動機会を提供した場合である。

- 身体活動が学業成績に及ぼすプラスの効果は、男女共習グループの方が、男女別習グループよりも高い。
- 学力向上のために身体活動を実施する際の最適なグループサイズは、1グループ当たり10人である。
- 身体活動は、生徒の学校でのエンゲージメントの改善、特にオン・タスクの時間を改善することで、学業成績を向上させることができる。
- 身体活動は、同時に多面的な発達を促すことになり、限られた教育リソースの点からも、ひとつの有効な方法である。

2 メタ分析の概要

　メタ分析とは、様々な現象の間の関係性について、同じ科学的問題を調査した複数の個別研究を定量的に統合することである（Borenstein et al., 2009）。基本的な前提は、これらの現象の間には共通の真の関係はあるものの、個々の研究は一定の誤差を有していることである。メタ分析には、未知なる真の関係性に迫るために、複数の研究の結果を統合させ、より精度の高い推定値を得るために統計的手法を用いている。今回は、身体活動と認知的な側面への効果や学業成績との関係を調べた個々の研究を組み合わせて、身体活動の認知的な側面への効果や学業成績に対する効果量の統合推定値を得るためにメタ分析を採用した。

　メタ分析によって情報を集約することで、個々の研究間の所見の一貫性を定量化し、矛盾の原因を特定することができる（Borenstein et al., 2009）。

　例えば、身体活動が認知機能に及ぼす効果は、身体活動の強度によって異なる可能性があり、強度はこの関係においては調整因子であり、個々の研究による結果の矛盾の原因でもあると考えられている。メタ分析における効果量とは、結果変数の標準化平均差を指す。無作為化比較試験や準実験的な研究では、介入をした実験群と統制群との間の結果変数の標準化平均差を指す。

　参加者の行動を操作しないような横断デザインの研究がメタ分析に含まれる場合、その効果量は、身体活動のレベルのように、ある基準によって2つ以上のグループに参加者を分け、その参加者間の標準化平均差を示していく。

　効果量の単位は標準偏差である。効果量の大中小を決める確実な法則はなく、効果量の実質的な意義は、研究課題の具体的な文脈を踏まえて検討する必要がある。効果量（effect size）は、以下のセクションでESとして略記する。

3　認知的機能の発達への影響

　メタ分析では、身体活動が子供や青年の認知的発達を妨げず、高めるというエビデンスが示されている（Alvarez-Bueno et al., 2017a; Fedewa and Ahn, 2011; Jackson et al., 2016; Sibley and Etnier, 2003; Vazou et al., 2016; Watson et al., 2017）。図B.1は、本書のためにレビューしたメタ分析で報告された認知的な側面における効果に対する身体活動介入の統合効果量をまとめたものである。

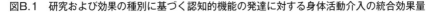

図B.1　研究および効果の種別に基づく認知的機能の発達に対する身体活動介入の統合効果量

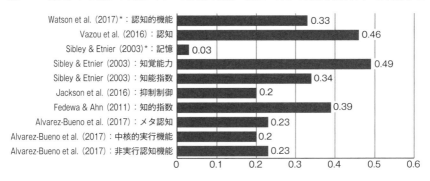

注：*のついた研究の効果量は、α＝0.05の水準では統計的に有意ではない。

　帰無仮説が真であるとき、純粋に偶然にデータで観察されたパターンが得られる確率が、研究者が選んだ信頼水準よりも低い場合、研究結果は統計的に有意であるとみなされる。

　この場合の帰無仮説は、身体活動介入が認知的成果に影響を与えないというもので、データで観察されたパターンは、身体活動介入は認知的成果に正の効果を持つというものである。そして、ここでレビューしたメタ分析で研究者が選んだ信頼水準は一貫して0.05である。これは、帰無仮説が5%の確率で真である場合に、研究者が棄却するリスクを許容することを意味している。

　例えば、アルバレス＝ブエノら（Alvarez-Bueno et al., 2017a）は、身体活動介入が子供や青年の認知的成果に及ぼす影響について、最新のメタ分析を行った。15の国や地域の5,527人の子供や青年を対象とした36の研究のデータを用いて、彼らは身体活動介入が非遂行認知機能（ES=0.23）、中核的実行機能（ES=0.2）、メタ認知（ES=0.23）に対して統計的に有意な正の影響を持つことを示した（Alvarez-Bueno et al., 2017a）。

　しかし、中核的実行機能とメタ認知をさらにその下位領域に分割すると、身体活動の効果はすべての下位領域で同じではない。中核的実行機能の下位領域のうち、身体活動介入は抑制（ES=0.38）に対して最も統計的に有意な効果を示し、次いでワーキングメモリー（ES=0.14）であった。しかし選択的注意と認知的柔軟性に対する効果は統計的に有意ではなかった（Alvarez-Bueno et al, 2017a）。メタ認知の下位領域のうち、身体活動介入は、問題解決、目標設定の自己認識、自己調整を含む認知的ライフスキルの強化に特に有効であり（ES=0.30）、推論、計画、創造性などの流動的知能を含む、より高度な実行機能に対する効果（ES=0.19）は、規模が小さいながらも統計的には有意であった（Alvarez-Bueno et al., 2017a）。従来のメタ分析でも、身体活動介入による知能指数への正の効果が見出されている（Fedewa and Ahn, 2011; Sibley and Etnier, 2003）。

統合的な身体活動よりも効果的な教科体育

　教科体育の介入（curricular physical education interventions）とは、カリキュラムの中に、体育という科目を設けて、一定の時間を割り当てることである。一方、統合的な身体活動介入（integrated physical activities interventions）とは、他の科目の指導の中に身体活動を取り入れたり（身体的にアクティブな授業）、短時間の身体活動を導入したり（アクティブブレイク。カリキュラムとも関連している、あるいは関連しない）、休み時間やランチタイムに身体活動を行う、といったことを指す（Alvarez-Bueno et al., 2017a）。アルバレス＝ブエノら（Alvarez-Bueno et al., 2017a）は、分析対象の研究を介入タイプ別にグループ分けしたところ、教科体育の介入に関する一連の研究群を調べると、身体活動が、非実行機能、選択的注意—抑制、高次実行機能に対して統計的に有意な効果がある、という見解のみを見出している（Alvarez-Bueno et al., 2017a）。一方で、統合的な身体活動介入についての一連の研究群では、統計的に有意な効果は認められなかった（Alvarez-Bueno et al., 2017a）。この結論は、統合的な身体活動介入を検討した別のメタ分析でも同様であり、効果の方向がポジティブであっても、統計的に有意な効果は認められていない（Watson et al., 2017）。

　これらのメタ分析から、教科体育の介入は、統合的な身体活動介入よりも、認知的発達の促進に効果的であることを示している。

身体活動量の増加とその内容の充実が、様々な認知的能力にもたらす恩恵

　身体活動量が増加するだけで、非実行機能（ES=0.21）、ワーキングメモリー（ES=0.28）、高次実行機能（ES=0.21）の発達に効果が期待できる（Alvarez-Bueno et al., 2017a）。しかし、選択的注意-抑制（ES=0.49）は、認知的・協調的要求が高い身体活動の課題（充実した身体活動）（enriched PA）により影

響されている（Alvarez-Bueno et al., 2017a）。認知的ライフスキルも充実した身体活動のプログラムの恩恵を受けたが、身体活動量の増加が認知的ライフスキルに及ぼす影響を評価した研究はなかった（Alvarez-Bueno et al., 2017a）。したがって、様々な認知的スキルの発達を促進するためには、学校では、身体活動量を増やすことと、身体活動の課題において認知的でコーディネーティブな水準をさらに高めることの2つが必要である。

認知的成果に最も強い影響を与える有酸素運動

　ヴァゾーら（Vazou et al., 2016）によるメタ分析では、過去の文献で提示された身体活動の種類を、有酸素運動、運動技能のトレーニング、認知に関わる運動（瞑想を伴うヨガなど）およびそれらの組み合わせに分類している。これらの身体活動の種類の中で、有酸素運動が認知的発達の促進に対する最も強い効果を示した（Vazou et al., 2016）。ただし彼らは、わずか3つの研究からのデータでこの結論を導き出したにすぎない（Vazou et al., 2016）。フェデワとアン（Fedewa and Ahn, 2011）による古いメタ分析でも、有酸素運動は知能指数と学業成績を合わせて高めるのに最も効果的なタイプの身体活動であることを明らかにしている。なお、彼らは15の研究のデータを使用していた。

座学よりも認知的発達を促進する身体活動

　ヴァゾーら（Vazou et al., 2016）が行ったメタ分析では、10件の研究において身体活動介入を受けた生徒と座学指導の介入を受けた生徒の比較をしている。身体活動介入を受けた子供は、座学の指導を受けた子供よりも認知的成果が良好であり、身体活動介入を座学の指導と比較した場合、中〜大程度の効果（ES=0.57）が認められた（Vazou et al., 2016）。ただし、これら10件の研究はすべて無作為化比較対照試験ではないため、身体活動介入前の実験群と統制群の認知的発達の差異が、ヴァゾーら（Vazou et al., 2016）のメタ分析で用いて

いる一連の研究の結果に影響を与えている可能性がある、ということに留意しておくべきである。

4　学業成績への影響

メタ分析の結果、身体活動は子供や青少年の学業達成を妨げず、むしろ促進することが明らかになった。図 B.2 は、本報告書のためにレビューした学業達成度を調査した各メタ分析から得られた効果量の要約をまとめたものである。ハッティーとクリントン（Hattie and Clinton, 2012）の研究には、統計的有意性が報告されていないものの、その研究を除いたすべての研究で身体活動が学業達成に統計的に有意な正の効果を示した（Alvarez-Bueno et al., 2017b; Fedewa and Ahn, 2011; Sibley and Etnier, 2003; Watson et al., 2017）。ハッティーとクリントン（Hattie and Clinton, 2012）の効果量がゼロに近いということの説明として考えられるのは、彼らの分析に含まれる論文のうち、4つの論文のデータが、効果量を過小に評価している可能性がある、という点である。なお、彼らはこのメタ分析に合計で13件の研究しか含めていない。

図B.2　学業成績に対する身体活動介入の統合効果量（研究および結果の種類別）

研究	効果量
Watson et al. (2017)：課題従事時間	0.6
Watson et al. (2017)：学業成績	1.03
Sibley & Etnier (2003)：学業成績とIQ	0.32
Owen et al. (2016)：スクールエンゲージメント	0.28
Hattie & Clinton (2012)：スクールパフォーマンス	0.03
Fedewa & Ahn (2011)：学業成績とIQ	0.35
Alvarez-Bueno et al. (2017b)：課題従事時間	0.77
Alvarez-Bueno et al. (2017b)：集成値	0.26
Alvarez-Bueno et al. (2017b)：言語関連スキル	0.16
Alvarez-Bueno et al. (2017b)：読解	0.13
Alvarez-Bueno et al. (2017b)：数学	0.21

このトピックに関する最新のメタ分析のひとつに、11か国の9,636人の子供と青年を対象とした23の研究がある（Alvarez-Bueno et al., 2017b）。身体活動介入は、総合点に最も大きな影響を与えており（ES=0.26）、次いで数学関連スキル（ES=0.21）、読解（ES=0.13）であった。しかし、語彙、会話、作文など他の言語関連スキルについては、統計的に有意な効果は認められなかった（Alvarez-Bueno et al., 2017b）。小学生のみを対象とした別のメタ分析（Watson et al., 2017）や少し昔のメタ分析（Fedewa and Ahn, 2011; Sibley and Etnier, 2003）でも、身体活動介入が学力、特に数学、読解、総合得点にプラスの効果があることが確認されている（Fedewa and Ahn, 2011; Sibley and Etnier, 2003）。また、身体活動は、成績評定平均値（grade point average）、英語／言語学、アカデミックレディネス、創造性、学際的な一連の試験にもプラスの効果があった（Fedewa and Ahn, 2011; Sibley and Etnier, 2003）。

　各メタ分析に含まれる効果量や達成度指標は技術的な理由により異なる可能性があるが、実質的な意味合いは、身体活動への介入が生徒の学業成績、特に数学と読解力にプラスの影響を与える可能性があるということである。したがって、学校で生徒に十分な身体活動の機会を与えることは、身体的な健康と学業成績を同時に向上させる可能性がある。

期間、達成度の測定、身体活動の頻度の重要度

　介入期間の長さという視点だけでは、身体活動介入の成果には影響しない。介入期間が1週間でも8か月でも、身体活動の学力への効果には影響しない（Alvarez-Bueno et al., 2017b; Fedewa and Ahn, 2011）。

　ワトソンら（Watson et al., 2017）のメタ分析研究において、介入が1年未満の場合、全国標準テストで達成度を測定したとしても、統計的に有意な効果は認められなかった。ただし、介入が丸1年以上続いた場合、有意な正の改善が認められた。とはいえ、こうした長期介入の研究は2つしかなく、研究間の

効果量を算出することはできない。

　週当たりの介入頻度が重要で、子供や青年が週3回身体活動に従事した場合に最も良い効果が得られ、次いで週2回、さらに週1回であった（Fedewa and Ahn, 2011）。

身体活動の違いによる効果の違い

　すべての種類の身体活動が学業成績に同じ影響を与えるわけではない。身体活動介入がカリキュラムの中でどのように組み込まれているかを見ると、教科体育のプログラム（ES=0.16）と統合的な身体活動プログラムの両方から恩恵を受けるのは数学の成績のみで、読解（ES=0.21）と総合得点（ES=0.3）は教科体育のプログラムからのみ恩恵を受けた（Alvarez-Bueno et al., 2017a）。また、統合的、あるいは課外の身体活動介入が、数学の問題解決にはより適合している可能性がある（Alvarez-Bueno et al, 2017b）。

　介入内容で分類すると、学業成績に対する正の効果は有酸素トレーニングが最も大きく（先述している認知発達と同様）、次いで知覚・運動トレーニング及び体育となっている（Fedewa and Ahn, 2011）。なお、この研究の中で体育としているものを見ても、ある研究では、エアロビックトレーニングが含まれてはいるが（Fedewa and Ahn, 2011）、全体的にどのような運動がなされているのかは明らかになっていない。また、ここでの体育は、認知発達に関する記述でも示したとおり、教科体育とイコールかといえば、そうとも言えない場合もある。なお、レジスタンス／サーキットトレーニング、また、いくつかのカテゴリーの活動を含む複合的なトレーニングは、統計的に有意な効果を示してはいない（Fedewa and Ahn, 2011）。

身体活動の学業成績への影響（他の因子）

　フェデワとアン（Fedewa and Ahn, 2011）の研究では、身体活動介入の効

果について、他の因子から調査している。例えば、身体活動介入は、男女別習で実施した場合よりも、共習で実施した場合の方の効果が大きくなる（Fedewa and Ahn, 2011）。効果量は、介入群の生徒数が10人未満のときが最も大きく、次いで1群10～30人、さらに1群30人以上である（Fedewa and Ahn, 2011）。

　アルバレス＝ブエノら（Alvarez-Bueno et al., 2017a）は、いくつかの研究で、訓練を受けた専門教師が開発した身体活動介入を受けた群と統制群の学力差が大きくなったと指摘しているが、専門教師が設計した介入と訓練を受けていない教師が設計した介入の効果について、メタ分析の手法を用いた比較はしていない。さらに、フェデワとアン（Fedewa and Ahn, 2011）による先行メタ分析では、誰が介入を行うかは、身体活動介入の効果量に影響しないことが示されている。

　最後に、アルバレス＝ブエノら（Alvarez-Bueno et al., 2017b）は，学業成績に対する身体活動介入の効果量は参加者の年齢によって差がないとしている。しかし、フェデワとアン（Fedewa and Ahn, 2011）はその逆で、小学生の方が中高生よりも身体活動介入の恩恵を受けたことを明らかにしている。アルバレス＝ブエノら（Alvarez-Bueno et al., 2017a）は2009年以降に発表された研究やスペイン語の研究を、フェデワとアン（Fedewa and Ahn, 2011）は横断的なデザインの研究を対象としており、これらのメタ分析で対象とした研究が違っていることが原因かもしれない。身体活動の介入による学業達成への効果に年齢が重要かどうかを確認するには、さらなる研究が必要である。

コラム B.2　**調整因子のケース：運動強度が重要**

　身体活動が認知・学業成績に及ぼす影響は、運動強度によって異なる可能性がある。スペインで行われた研究では、青少年を無作為に統制群と2つの介入群に振り分けた。4か月間にわたる介入調査は次のとおりである。

- 統制群は、週に2回、55分の体育の授業に参加した。
- 実験群1は、週4回55分の体育の授業に参加し、学習目標、内容、教育方法は統制群と同じであった。
- 実験群2は、週4回55分の体育の授業に参加し、高強度の活動（心拍数が120bpm以上となる活動）を行った。

　3つの群すべてで、専門の体育教師が指導にあたった。介入前と介入後に、3つの群すべての認知的スキルと学業成績が評価された。

　高強度群である実験群2の青少年は、統制群と実験群1の両方と比較して、複数の科目の学業成績で認知的スキルと学業成績のいずれもより有意な向上を示した。実験群2は、介入により統計的に有意な向上が認められている。

　一方、実験群1では、週あたりの体育の授業が2回増えたにもかかわらず、認知的スキルや学業成績の向上は統制群と比較して統計的に有意に高くはなかった。

　本研究は、身体的な健康効果に加え、認知的・学問的な発達を促すことを目的とした体育の授業を設計する際に、強度が重要であることを示唆するエビデンスを示している。

出典：Ardoy et al. (2014)，"A physical education trial improves adolescents' cognitive performance and academic achievement: The EDUFIT study", https://doi.org/10.1111/sms.12093.

身体活動がスクールエンゲージメントと学業成績に及ぼすポジティブな効果

　スクールエンゲージメントは、課題に取り組む時間など学習活動への関与を反映する生徒の行動を指す行動的エンゲージメント、学習を楽しむなど学校に対する生徒の肯定的感情反応を指す感情的エンゲージメント、また、モチベーションや学習スキルなど学習に対する生徒の取り組みを反映する認知的エンゲージメントの3つの側面を包含している（Owen et al., 2016）。オーウェンら（Owen et al., 2016）によるメタ分析（71,433人の子供や青年を対象とした38の研究のデータ）では、身体活動がスクールエンゲージメントの3つの次元をすべて合わせて統計的に有意な正の効果を持つ（ES=0.28）ことが明らかになっている。

　身体活動の学業成績への影響を調べた他のメタ分析でも、一貫して、生徒の

課題従事時間を測定している行動的エンゲージメントに対する身体活動に大きな効果が認められ、効果量は0.6（Watson et al., 2017）から0.77（Alvarez-Bueno et al., 2017b）の範囲であった。短期的および持続的な身体活動の両方が、生徒の課題従事時間を高めることができている（Alvarez-Bueno et al., 2017b; Watson et al., 2017）。すなわち、短期的な身体活動は、その身体活動直後の授業における生徒の学習へのエンゲージメントを向上させ、持続的な身体活動は、安定的、長期的に生徒の学校への行動的エンゲージメントの強化を促進する可能性があることを意味している。

5　研究の限界

これらの知見には、考慮すべきいくつかの限界がある。それらは、今後の研究の糧となるかもしれない。

- 数学や読解、その他の言語関連スキル以外の科目の到達度を検証した研究は限られている。アルバレス＝ブエノら（Alvarez-Bueno et al., 2017b）、フェデワとアン（Fedewa and Ahn, 2011）ともに、メタ分析の対象基準に適合する科学的な到達度を調べた研究は1つしか確認できていない。
- Education 2030に含まれる構成要素など、より多様な認知的成果に対する体育の影響に関する研究も不足している。
- アルバレス＝ブエノら（Alvarez-Bueno et al., 2017a, 2017b）を除き、多くのメタ分析は、英語で発表された論文しか含まれていない。英語で出版されることが少ない文化圏からのエビデンスは軽視されており、こうした研究を含めるとメタ分析の結果が異なる可能性がある。
- 国や経済圏ごとの効果量の算出を試みたメタ分析はない。文化の要素が、身体活動の認知的成果および学業成績に対する効果の調節因子となる可能性があり、同じ介入でも文化が異なれば効果も異なる可能性がある。

- 既存のメタ分析では、無作為化比較対照試験、準実験デザイン研究、横断的デザイン研究からのデータを区別していない。無作為化比較対照試験は因果関係を裏付ける証拠を提供できるが、横断的デザイン研究は関連性を示す証拠しか提供できない。これら3種類のデザインの研究からのエビデンスは、異なる重み付けをする必要がある。

- 放課後のプログラムなど、学校を基盤としない身体活動介入の効果については、限られたエビデンスしかない。

- 身体活動介入が終わってから長期的な効果に関するエビデンスは限られている（Alvarez-Bueno et al., 2017b）。例えば、9学年で身体活動によって誘発される認知的利益が、高校卒業まで続くかどうかは不明である。

- 専門的なトレーニングを受けた教師が身体活動介入の設計をし、実施すべきかについては、限られたエビデンスしかない。アルバレス＝ブエノら（Alvarez-Bueno et al., 2017b）およびフェデワとアン（Fedewa and Ahn, 2011）が提供する情報は一貫性がない。この点については、さらなる研究が必要である。

- 強化型身体活動プログラム（身体活動量の増加）と充実型身体活動プログラム（身体活動課題の認知的な複雑さをさらに求めるようなもの）を比較できる研究は限られている。アルバレス＝ブエノら（Alvarez-Bueno et al., 2017a）はこの2種類の介入を比較できたが、他の研究者は同じ比較をするための研究が不十分であるとしている（Watson et al., 2017）。

- 身体活動からどの年齢が最も認知的・学業的利益を享受できるかについて、既存のメタ分析の結果はまちまちである（Alvarez-Bueno et al.,2017b; Fedewa and Ahn, 2011; Sibley and Etnier, 2003）。この問いに答えるためには、より多くの研究、特に縦断的研究やより包括的なメタ分析が必要である。

- ワトソンら（Watson et al., 2017）は、訓練を受けた研究スタッフが、通常の教師よりも計画に忠実に身体活動介入を遂行していると示しているものの、実施の忠実度が身体活動介入の効果にどのような影響を与えるかについて実証的なエビデンスは不足している。

- 身体活動の強度を客観的に測定した研究や、強度の異なる身体活動介入について効果量を算出したメタ分析は不足している（Watson et al., 2017）。
- 以前のメタ分析では、身体活動介入が認知に及ぼす効果を検討する際、一般的に認知機能の様々な領域間を区別していなかった。新しいメタ分析では、区別するようになり（Alvarez-Bueno et al., 2017a; Jackson et al., 2016参照）、今後のメタ分析でもこの取り組みは引き継ぐべきである。
- メタ分析では、身体活動介入が、スクールエンゲージメント、認知的成果、学業成績をそれぞれ高める可能性がある、というエビデンスを示している。しかし、スクールエンゲージメントと認知的発達が、身体活動の学業成績への効果を媒介するかどうかについてのエビデンスはない。
- いくつかのメタ分析では、どのような身体活動が認知的成果や学業成果に有益であるかについて予備情報を提供しようと試みてきたが（Alvarez-Bueno et al, 2017a, 2017b; Fedewa and Ahn, 2011; Vazou et al, 2016）、様々な認知的成果や学業成果に最も有益な身体活動のタイプを解明するには、さらなる研究が必要である。

参考文献・資料

Alvarez-Bueno, C. et al.（2017a）, "The effect of physical activity interventions on children's cognition and meta-cognition: A systematic review and meta-analysis", *Journal of the American Academy of Child and Adolescent Psychiatry*, Vol. 56/9, Elsevier, New York, pp. 729-738, https://doi.org/10.1016/j.jaac.2017.06.012.

Alvarez-Bueno, C. et al.（2017b）, "Academic achievement and physical activity: A meta-analysis", *Pediatrics*, Vol. 140/6, Elsevier, New York, pp. 1-14, https://doi.org/10.1542/peds.2017-1498.

Borenstein, M. et al.（2009）, *Introduction to Meta-analysis*, John Wiley and Sons, United Kingdom.

Ardoy et al.（2014）, "A physical education trial improves adolescents' cognitive performance and academic achievement: The EDUFIT study", https://doi.org/10.1111/sms.12093.

Fedewa, A. L. and Soyeon Ahn (2011), "The effects of physical activity and physical fitness on children's achievement and cognitive outcomes: A meta-analysis", *Research Quarterly for Exercise and Sport*, Taylor and Francis, New York, Vol. 82/3, pp. 521-535, https://doi.org/10.5641/027013611X13275191444107.

Hattie, J. and J. Clinton (2012), "Physical activity is not related to performance at school", *Archives of Pediatrics and Adolescent Medicine*, Vol. 166/7, American Medical Association, Washington, DC, pp. 678-679, https://doi.org/10.1001/archpediatrics.2012.334.

Jackson, W. M. et al. (2016), "Physical activity and cognitive development: A meta-analysis", *Journal of Neurosurgical Anesthesiology*, Vol. 28/4, Wolters Kluwer Health, Alphen aan den Rijn, pp. 373-380, https://doi.org/10.1097/ANA.0000000000000349.

Owen, K. B. et al. (2016), "Physical activity and school engagement in youth: A systematic review and meta-analysis", *Educational Psychologist*, Vol. 51/2, Taylor and Francis, New York, pp. 129-145, https://doi.org/10.1080/00461520.2016.1151793.

Sibley, B. A. and J. L. Etnier (2003), "The relationship between physical activity and cognition in children: A meta-analysis", *Pediatric Exercise Science*, Vol.15/3, North American Society of Pediatric Exercise Medicine, Human Kinetics, Champaign, pp. 243-256, https://doi.org/10.1123/pes.15.3.243.

Vazou, S. et al. (2016), "More than one road leads to Rome: A narrative review and meta-analysis of physical activity intervention effects on cognition in youth", *International Journal of Sport and Exercise Psychology*, Taylor and Francis, New York, Vol. 14, https://doi.org/10.1080/1612197X.2016.1223423.

Watson, A. et al. (2017), "Effect of classroom-based physical activity interventions on academic and physical activity outcomes: A systematic review and meta-analysis", *International Journal of Behavioural Nutrition and Physical Activity*, Vol. 14/1, BioMed Central, London, pp. 114 (24 pages), https://doi.org/10.1186/s12966-017-0569-9.

謝辞・寄稿者・執筆者

　体育・保健教育に関するこのカリキュラム分析作業は、OECD韓国代表団の前大使であるユン・ジョンウォン氏のリーダーシップの下、韓国政府のイニシアティブによって開始された。彼は、「OECD Future of Education and Skills 2030」が、子供の全人的発達を重視したバランスのとれたプロジェクト、すなわち、従来の主要教科以外もカバーするために、数学に関する分析とともに、体育に焦点を当てたテーマ別カリキュラム分析を開始すべきだという議論を教育・スキル局長であるAndreas Schleicherと交わした。韓国代表団、特にユン・ジョンウォン大使とキム・ムンヒ大臣のリーダーシップと指導がなければ、このOECDの取り組みは実現しなかったであろう。

　体育の国際的な専門家が、OECD Education 2030プロジェクトの体育・保健教育カリキュラム分析部門を構成し、研究プログラムならびに分析を主導した。本書の特別寄稿者はRicahrd Bailey、Claude Scheuer、Jorunn Spord Bprgenである。本書の作成にあたり、研究成果を寄稿していただいた国際的な体育専門家の方々が次のとおりである。Tracy Zilm（オーストラリア）、Fangli Liu（中国）、Miguel Cornejo（チリ）、Kristy HowellsとRichard Bailey（イギリス）、Maret Pihu（エストニア）、Chi-Kong Chau（香港［中国]）、近藤智靖（日本）、Azhar Kabdulinova（カザフスタン）、Keejoon Yoon（韓国）、Claude Scheuer（ルクセンブルク）、Jorunn Spord Borgen（ノルウェー）、Catherine Mahler and Nicki Keenliside（オンタリオ州［カナダ]）、Aldo Matos da CostaとAntónio José Silva（ポルトガル）。また、Ozlem Kalkan（トルコ）、Andrey Selskiy（ロシア）、Suzanne Hargreaves（スコットランド［イギリス]）、Rose-Marie Repond（スイス）、Nalda Wainwright（ウェールズ［イギリス]）など、この研究に参加している国や地域の国際的な専門家が体育

の国際比較のアンケートに答え、国や地域のケーススタディを執筆した。OECD Future of Education and Skills 2030チームの体育カリキュラム分析は、田熊美穂（プロジェクトマネージャー）、Esther Carvalhaes（アナリスト）、Joaquín Cárceles（コンサルタント）が中心となって行った。Andreas Schleicher（教育・スキル局長）とYuri Belfali（幼児期・就学期教育部門長）が実質的な支援とコメントを提供した。Phoebe Downing（コンサルタント）は本書の初期の草稿に貢献し、Yiran Zhao（コンサルタント）は第3章と巻末付録Bに示された体育および身体活動における認知的成果に関する既存のメタ分析について報告した。

　本書はJulie Harris、Leslie Greenhowが編集し、Alison Burkeがレビューを行った。2019年10月23日、OECD Future of Education and Skills 2030プロジェクトの第10回2030インフォーマルワーキンググループ（IWG）会合の一環としての発表イベントで、本書の知見を紹介して下さったUwe Puehse教授（バーゼル大学スポーツ科学部長）に特別な謝意を表す。

訳者あとがき

1 本書発刊の経緯

　OECDは、生徒の学習到達度調査（PISA）や国際教員指導環境調査（TALIS）等の国際調査・分析を通じて、各国の教育政策に関する支援をしており、我が国の教育にも大きな影響を与えている。Education2030プロジェクトは2015年から始まっており、2030年を目途として様々な教育に関するテーマを議論している。「体育・保健のカリキュラム分析に関するプロジェクト」が本格的に動きはじめたのは2017年初頭であり、約2年の期間を経て2019年に報告書が刊行されている。この間、筆者もアカデミック・エキスパートとしていくつかの会議に出席しており、OECDや各国の状況を学ぶ機会に恵まれてきた。

　OECDはカリキュラム分析の対象として、体育・保健及び数学の2つを最初に選定し、国際的な調査を実施した。なぜ数多くある教科教育の中で体育・保健が先んじて国際的な調査対象に選定されたのか。この疑問について、本書の出版に向けて数多くの助言をいただいたOECD教育スキル局の田熊美保氏に確認をしたところ、「ウェルビーイング」の実現に向けて体育・保健が役割を果たす可能性がある、といった旨の回答を得た。

　周知の通り、Education2030はその中心目標として「ウェルビーイング」を掲げており、この目標の実現ためには、全人的な教育が必要であると考えている。そこでは、いわゆる受験教科と捉えられる「座学」とは違う科目も重視しており、「座学」以外の教科として体育・保健が選定されたとのことである。

また、この調査にあたっては、韓国からの財政支援もあったことがプロジェクトの追い風になったとのことである。

　OECDによる体育・保健の報告書には、カリキュラムの比較分析をはじめ、体育・保健の教科としての価値、また、学術や政策研究に生かせる種が多く記述されている。そのため、次の学習指導要領の改訂に向けた議論が本格的に始まる前に、我が国の関係者と報告書の内容を共有すべきであると考え、本書の発行を日本体育科教育学会の理事会等で提案をしたところである。その後の経過については、本書冒頭の「日本語版序文」の中で大友智会長が記している通りである。

2　訳にあたって

　本書の作成にあたっては、翻訳プロジェクトチームにおいてOECDの考え方を具現化できるように、以下のような手順をとった。

　最初に文法上のミスリードを避け、尚且つ訳者による表現の偏りを避けるために、英語の原文を翻訳ソフトに入れて仮訳を行い、その訳を専門的な見地から最適化していった。その際、訳者間の対話による合意を重視し、第1章は訳者全員で議論をしながら進めていった。また、第2章以降は、3～4名単位の小グループで作業を進めた。各章の訳で疑問となった点については、全体ミーティングにおいて表現を調整した。さらに、報告書に載っている国の教育制度を調べ、特定の英単語が他の文献でどのような訳となっているのかも確認した。

　なぜ、こうした手間のかかる手続きを経ようとしたのか。それはEducation2030の根底に流れる考え方を、チームとして体現する必要があると考えたからである。Education2030の考え方には、エージェンシー（Agency）やコー・クリエーション（Co-creation）という主要概念がある。なかでもエージェンシーは、本書訳注28ページにも記されている通り、「社会参画を通じ

て人々や物事、環境がより良いものとなるように影響を与えるという責任感を持っていることを含意する」という意味が付されている。本書にかかわる訳者一人ひとりが、エージェンシーを発揮し、自らのやりがいと責任を実感できるかが重要であり、こうした試行錯誤を経た訳本こそが深い理解の下に作られたものとなる、と考えたからである。

3　本書を通じて改めて気づいた点

　本書の作成過程を通じて、改めて気づかされたことが5点あった。

　1つ目は、体育と保健という2つの分野の関係が国によって様々である点である。体育と保健は、我が国では1つの教科となっているが、第2章第2節にみられるように、他国では保健の内容が別の教科の中に入り込んでいる例もある。こうした教科の在り方を見ると、教科の構成原理や教科体系をどう考えるかについて今後検討をしていく必要がある。

　2つ目は、体育・保健が、社会的な不平等の是正に貢献し、不利な立場にある生徒のエンパワーメントに寄与している点である。我が国では体育・保健という教科が自明のごとく学校の中で教えられており、社会的な不平等や不利な立場にある生徒への影響という観点から、教科の価値をマクロ的に考察していく機会はない。しかし、本書はこうした点からも考察が展開されており、たとえば、第3章第6節で「体育・保健教育は態度や実践の不平等に対応するための潜在的なツールとも言える」、第4章第3節で「体育・保健教育のカリキュラムには、自律性や自制心を養う活動も含めることができる。これは、不利な立場にある生徒のエンパワーメントにとって、体育・保健教育が重要な領域であると言える」と記されている。社会的不平等という新たな視点から教科の価値を検討していことも大切なことである。

　3つ目は、認知的成果に対する体育・保健及び身体活動の意義についてである。第3章第5節では次のような記述が見られている。

「学校での体育の授業時間を増やし、他の教科の授業時間を相対的に減らすことは、学業成績に悪影響を与えず、ある状況下ではむしろ学業成績の向上が明らかになっている。実際、体育に割く時間が減ると、学業に悪影響を与える可能性がある。また、他の研究では、成績の低い生徒にとって、体育に充てる時間の代わりに、追加の宿題や勉強に置き換えてしまうと、かえって成績が悪くなる可能性があることが示唆されている。」

　この内容は、体育と学業成績の関連性について示唆をしており、座学の学力向上の図るために、身体活動を制限することについて批判的な見解を示している。また、身体活動を高めることで、問題解決力、自己調整力、ワーキングメモリー等の認知機能の向上についても触れている。こうした一連の知見は、生徒の学習における体育・保健及び身体活動の意義を再確認させるものとなっている。

　4つ目は、ジェンダーである。我が国では毎年「全国体力・運動能力、運動習慣等調査」が実施されている。その調査結果では、女子生徒の身体活動への参加機会が少ないといった課題が指摘されている。この対策のために様々な取り組みが各地で展開されているが、そもそも女子の身体活動が少ないことの根底にある課題は何であろうか。その答えのひとつがジェンダーの視点であるといえる。本書では、体育という科目が「ジェンダー化」された性質を持つものであるとしており、たとえば、第4章第3節において、男性の教師に比べて女性の教師の割合が低く、ロールモデルが少ないといった指摘がある。こうした点からも、今後我が国でもジェンダーの視点からさらなる議論が必要であると考える。具体的には、女子生徒の発達特性に見合った実技種目や内容、あるいは、女性の体育・保健の教師の男女比の問題、さらには、男女共習の効果的な指導方法等である。

　5つ目は、メタ分析研究の必要性である。本書では学業成績と身体活動、教科と教科外の効果量、社会的不平等と身体活動等の研究成果等をクロスさせており、様々なメタ分析が紹介されている。こうしたメタ分析の手法を用いてい

く研究は、我が国の体育・保健の分野でさほど多くはなく、こうした手法による研究は今後ますます重要であると考える。

以上の5点を改めて感じたところである。

4　OECDとの対話において

訳をしている過程で、様々な疑問がわいてくるものの、自力で調べるだけでは解決しないことも多くあった。とりわけ、OECDの中核になる考え方については、直接OECDの関係者に説明をいただく方が良いと考え、OECD教育スキル局の田熊美保氏とのミーティングの場を設けた。そこで訳者から出された2つの重要な問いについて、興味深い話があったため、その主旨をここで紹介する。

1つ目は、academic subjectとnon-academic subjectの意味の違いである。2つ目は、Education2030の示すラーニングコンパスの「コンパス」についての意味である。

1つ目のacademic subjectとnon-academic subjectであるが、教科を分類する際にこの単語がOECDの報告書で用いられている。それによると、国語や数学等の座学教科はacademicであり、体育・保健は、non-academicに分類されている。このacademicを日本語に直訳すると「学術」であり、non-academicは「非学術」である。しかし、この直訳のままだと「体育・保健は学術的ではない科目である」といった誤った印象を読者に与えることとなる。無論、体育・保健は「非学術」ではない。そこで、この単語の意味について、直接確認する必要があると考え、訳者から田熊氏に問うたところ、非常に興味深い回答がなされた。それは次のとおりである。

教科を分類する表現として、英語ではacademic subjectやnon-academic subjectのようにacademicという単語を使用する。他にも中心か否かを意味するcoreやnon-coreといった単語を使用するとのことである。いずれの言葉を

採用するかは重要な問題であり、仮に体育・保健をnon-core subject、つまり「非中心教科」あるいは「周辺教科」としてしまうと、OECDの意図とは大きく外れることになる。OECDは、全人教育の視点から、全ての科目をcore（中心）と考えており、non-coreという表記は馴染まないと考えたとのことである。また、academicの意味は、「学術」という意味ではなく、椅子に座って授業を受ける時間が長いという意味であり、non-academicは椅子に座って授業を受ける時間が短いという意味である、と語っていた。

　2つ目は、Education2030ではなぜ「コンパス」という言葉を採用したのかについてである。田熊氏によれば、これからの生徒たちは、さらに先の見えない社会の中で生きることになり、たとえるならヨットのように風を読みながら、先の航海を続けていくようなものである。ヨットは様々な環境変化の中でも、コンパスを頼りにしながら前に進んでいくというイメージがあり、ヨットと生徒の人生が重なり合うことから、コンパスという言葉を採用した、と語っていた。

　いずれの言葉も本書の訳を適切に進めていく上で重要なキーワードであり、こうした助言を田熊氏からいただいたことで、訳者間でEducation2030についての共通認識が形成されたと考えている。

5　おわりに

　筆者は、本書の翻訳プロジェクトリーダーとして、また、体育・保健のアカデミック・エキスパートとしてOECDと関わってきた。その中で単純な国家間の比較はできないが、世界の中でも我が国の学習指導要領をはじめとした様々な指針や取り組みは、あらゆる内容を網羅した優れたものであると感じていた。国際的に見ても我が国の体育・保健に関連する施策や取り組みは、他国に引けを取らないものであると認識している。

　とはいえ、今後我が国の体育・保健がより良いものになっていくためにも、

本書の中で指摘されているいくつかの課題に取り組んでいく必要あると考える。具体的には、第4章第3節のように、学習指導要領の示す方針と学校現場との乖離の問題をはじめ、ジェンダー、インクルージョン、オーバーロード等の問題である。こうした点を踏まえて、今後、体育・保健にかかわる関係者が、さらなる論議と研究を深めていけるかが重要であると考える。

　最後に、本書の発行にあたっては、OECD教育スキル局の関係者の皆様をはじめ、日本体育科教育学会の会員の皆様には、心より感謝を申し上げる。また、翻訳にあたってはそのノウハウや様々な人を紹介いただいた「きょうそうさんかくたんけんねっと（KSTN）」の皆様、さらには明石書店の安田伸様には心より感謝を申し上げる。また、本書の作成にあたり、OECD教育スキル局Education2030プロジェクトマネージャー田熊美保氏にも翻訳プロジェクトメンバーのミーティングにご参加いただき、ご助言をいただいている。この場を借りて心より感謝申し上げる。

　2023年8月

近藤 智靖

◎訳者一覧

近藤 智靖（こんどう・ともやす）　KONDOH Tomoyasu
日本体育大学

梅澤 秋久（うめざわ・あきひさ）　UMEZAWA Akihisa
横浜国立大学

岡田 悠佑（おかだ・ゆうすけ）　OKADA Yusuke
明治学院大学

久保 研二（くぼ・けんじ）　KUBO Kenji
島根大学

鈴木 康介（すずき・こうすけ）　SUZUKI Kosuke
日本体育大学

寺岡 英晋（てらおか・えいしん）　TERAOKA Eishin
日本体育大学

東海林 沙貴（とうかいりん・さき）　TOHKAIRIN Saki
中部学院大学

中島 寿宏（なかじま・としひろ）　NAKAJIMA Toshihiro
北海道教育大学

本多 壮太郎（ほんだ・そうたろう）　HONDA Sotaro
福岡教育大学

吉野 聡（よしの・さとし）　YOSHINO Satoshi
茨城大学

◎監訳者

日本体育科教育学会（Japan Society for the Pedagogy of Physical Education）
日本体育科教育学会は「体育科教育に関する学術的・実践的研究を行い、会員相互の研究
協力ならびに情報交換を促進する」という目的の下で活動しています。会員数は約900名
であり、主たる事業は学会大会の開催並びに機関誌『体育科教育学研究』の発行です。本
会における研究は「カリキュラム論」「教授・学習指導論」「体育教師教育論」「科学論、
研究方法論」のいずれかに区分されており、体育科教育における学習指導方法や教員養成
に関する議論を展開しています。
http://jsppe.gr.jp

保健体育教育の未来をつくる
──OECDカリキュラム国際調査
〈OECD Education 2030プロジェクト〉

2023年10月9日　初版第1刷発行

編著者：経済協力開発機構（OECD）
監訳者：日本体育科教育学会
発行者：大江　道雅
発行所：株式会社　明石書店
　　　　〒101-0021
　　　　東京都千代田区外神田6-9-5
　　　　TEL 03-5818-1171
　　　　FAX 03-5818-1174
　　　　https://www.akashi.co.jp/
　　　　振替 00100-7-24505

装丁：金子　裕
組版：朝日メディアインターナショナル株式会社
印刷・製本：モリモト印刷株式会社

（定価はカバーに表示してあります）　　　　　　　　　ISBN 978-4-7503-5637-2

高等教育マイクロクレデンシャル
履修証明の新たな次元
経済協力開発機構（OECD）加藤静香編著
濱田久美子訳　米澤彰純解説
◎3600円

先見的ガバナンスの政策学
未来洞察による公共政策イノベーション
ピレト・トヌリスト、アンジェラ・ハンソン著
経済協力開発機構（OECD）編　白川展之訳
◎3600円

主観的幸福を測る
OECDガイドライン
経済協力開発機構（OECD）編著
桑原進、高橋しのぶ訳
◎5400円

信頼を測る
OECDガイドライン
経済協力開発機構（OECD）編著
桑原進監訳　高橋しのぶ訳
◎5400円

教育のワールドクラス
21世紀の学校システムをつくる
アンドレアス・シュライヒャー著　経済協力開発機構（OECD）編
ベネッセコーポレーション企画・制作　鈴木寛・秋田喜代美監訳
◎3000円

教育のディープラーニング
世界に関わり世界を変える
マイケル・フラン、ジョアン・クイン、ジョアン・マッキーチェン著
松下佳代監訳　濱田久美子訳
◎3000円

教育のデジタルエイジ
子どもの健康とウェルビーイングのために
トレーシー・バーンズ、フランチェスカ・ゴットシャルク編著
経済協力開発機構（OECD）編　西村美由起訳
◎3000円

感情的ウェルビーイング
21世紀デジタルエイジの子どもたちのために
トレーシー・バーンズ、フランチェスカ・ゴットシャルク編著
経済協力開発機構（OECD）編　西村美由起訳
◎3500円

OECD教育DX白書
スマート教育テクノロジーが拓く学びの未来
経済協力開発機構（OECD）編著　濱田久美子訳
◎7200円

OECDスターティングストロング白書
乳幼児期の教育とケア（ECEC）政策形成の原点
経済協力開発機構（OECD）編著　一見真理子・星三和子訳
◎5400円

OECDレインボー白書
LGBTインクルージョンへの道のり
経済協力開発機構（OECD）編著　濱田久美子訳
◎5400円

OECD幸福度白書5
より良い暮らし指標：生活向上と社会進歩の国際比較
OECD編著　西村美由起訳
◎5400円

OECD保育の質向上白書
人生の始まりこそ力強く：ECECのツールボックス
OECD編著　秋田喜代美、阿部真美子、一見理子
門田理世、北村友人、鈴木正敏、星三和子訳
◎6800円

OECD公衆衛生白書：日本
明日のための健康づくり
経済協力開発機構（OECD）編　村澤秀樹訳
◎6800円

OECDビッグデータ白書
データ駆動型イノベーションが拓く未来社会
経済協力開発機構（OECD）編著　齋藤長行、田中絵麻訳
大磯一、入江晃史監訳
◎3800円

OECD人工知能（AI）白書
先端テクノロジーによる経済・社会的影響
経済協力開発機構（OECD）編著　齋藤長行訳
◎3600円

〈価格は本体価格です〉

創造性と批判的思考
OECD教育研究革新センター編著
西村美由起訳
学校で教え学ぶことの意味はなにか
◎5400円

知識専門職としての教師
ハナ・ウルファーツ編著
OECD教育研究革新センター編
西村美由起訳
教授学的知識の国際比較研究に向けて
◎4500円

こころの発達と学習の科学
パトリシア・K・クールほか編著 OECD教育研究革新センター編
蒅岩晶、篠原真子、篠原康正訳
デジタル時代の新たな研究アプローチ
◎4500円

学習の環境
OECD教育研究革新センター編著
立田慶裕監訳
イノベーティブな実践に向けて
◎4500円

学習の本質
OECD教育研究革新センター編著
立田慶裕、平沢安政監訳
研究の活用から実践へ
◎4600円

メタ認知の教育学
OECD教育研究革新センター編著
篠原真子、篠原康正、蒅岩晶訳
生きる力を育む創造的数学力
◎3600円

アートの教育学
OECD教育研究革新センター編著
篠原康正、篠原真子、蒅岩晶訳
革新型社会を拓く学びの技
◎3700円

社会関係資本
ジョン・フィールド著
佐藤智子、西塚孝平、松本奈々子訳 矢野裕俊解説
現代社会の人脈・信頼・コミュニティ
◎2400円

図表でみる教育 OECDインディケータ(2022年版)
経済協力開発機構(OECD)編 伊藤理子、稲田智子、上野さよ、大久保彩訳
坂本千佳子、平澤靖美、松原香理訳
◎8600円

図表でみる世界の保健医療 OECDインディケータ(2021年版)
OECD編 村澤秀樹訳
オールカラー版
◎6800円

図表でみる世界の年金 OECD/G20インディケータ(2021年版)
OECD編
岡部史哉監訳
◎7200円

図表でみる男女格差 OECDジェンダー白書2
OECDインディケータ(2019年版)
OECD編著
濱田久美子訳
今なお蔓延る不平等に終止符を！
◎6800円

図表でみる世界の行政改革
OECDインディケータ(2019年版)
OECD編著
平井文三訳
◎6800円

地図でみる世界の地域格差
OECD地域指標2022年版
OECD編著 中澤高志監訳 オールカラー版
都市集中と地域発展の国際比較
◎5400円

社会情動的スキル 学びに向かう力
経済協力開発機構(OECD)編著
ベネッセ教育総合研究所企画・制作
無藤隆、秋田喜代美監訳
◎3600円

社会情動的スキルの国際比較 教科の学びを超える力
経済協力開発機構(OECD)編著 矢倉美登里、松尾恵子訳
〈第1回OECD社会情動的スキル調査(SSES)報告書〉
◎3600円

〈価格は本体価格です〉